JN485285

생성형 AI, 리듬과 수사

인공지능총서

인공지능 시대입니다. 기계가 인간의 인지를 대신하고, 사물이 인간을 통하지 않고 다른 사물과 직접 커뮤니케이션합니다. 이에 따른 인간 삶과 문명 변화를 정확히 이해·예측·대응하는 것은 이 시대 우리 모두의 과제입니다. 인공지능총서는 인공지능 기술과 환경의 여러 주제를 10가지 키워드로 정리합니다. 관련 개념과 이론, 학계와 산업계의 쟁점, 우리 일상의 변화를 다룹니다. 인간과 기술의 현재, 미래를 세심히 분석합니다.

일러두기

- 인명, 작품명, 저서명, 개념어 등은 한글과 함께 괄호 안에 해당 국가의 원어를 병기했습니다.
- 외래어 표기는 현행 어문규정의 외래어표기법을 따랐습니다.
- 이 책의 내용은 2023년 8월부터 2024년 4월 사이의 ChatGPT 연구 환경을 기준으로 합니다.(GPT-4o 웹 크롤링 기능 업데이트 이전)
- 이 책은 2021년 대한민국 교육부와 한국학중앙연구원(한국학진흥사업단)을 통해 K학술확산연구소사업의 지원을 받아 수행된 연구입니다(AKS-2021-KDA-1250004).

생성형 AI, 리듬과 수사

김태형

대한민국, 서울, 커뮤니케이션북스, 2025

생성형 AI, 리듬과 수사

지은이 김태형
펴낸이 박영률

초판 1쇄 펴낸날 2025년 3월 21일

커뮤니케이션북스(주)
출판 등록 2007년 8월 17일 제313-2007-000166호
02880 서울시 성북구 성북로 5-11
전화(02) 7474 001, 팩스(02) 736 5047
commbooks@commbooks.com
www.commbooks.com

ISBN 979-11-7307-840-8 03500

책값은 뒤표지에 표시되어 있습니다.

차례

인공지능은 작가를 대체할 수 있는가?

> 제 주장은 인간 정신의 행동을 매우 비슷하게 흉내 내는 기계를 만들 수 있다는 것입니다. (중략) 비교적 단순한 기계에서 출발하되 적절한 범위의 '경험'을 부과함으로써, 더 정교하고 넓은 범위의 우연성에 대처할 수 있는 기계로 탈바꿈시키지 못할 실질적인 이유는 전혀 없는 듯합니다 (Turing, 2019).

1950년대, 앨런 튜링(Alan Turing)은 "생각하는 기계를 만드는 것은 불가능하다"는 주장을 정면으로 부정했다. "인간 이외의 이성을 가진 존재는 있을 수 없다"고 주장한 르네 데카르트(René Descartes)를 정면으로 반박하는 듯한 튜링의 도발적인 발언 이후, 인공지능은 1956년 전 세계의 석학들이 모인 다트머스 워크숍(Dartmouth workshop)에서 그 가능성을 인정받았으며(McCarthy, John., et al., 2006) 2020년대에 들어선 현재까지도 인간의 "인공지능(Artificial Intelligence)" 개발 시도는 지속적으로 이어지고 있다.

그러나 다트머스 워크숍 이래 50여 년 동안 각국의 전폭적인 지원 속에서도 "인간과 같은(비슷한, Human-like) 인공적 지능"의 구현이 지지부진해지자 차츰 인공지능에 대한 지원이 감소했는데, 연구자들은 1990년대에 찾아온 이 시기를 일컬어 인공지능 겨울(AI winter)이라 부른다(엄밀히 따지자면 주요한 "인공지능 겨울"은 1970년대 후반과 1990년대 전체를 주요하게 지칭하는 명칭이다).

인공지능의 발전 속도가 점차 느려졌던 까닭은 인공지능의 개발이 단순한 로직(Logic) 구성이 아니라 공학을 비롯해 다양한 학문들의 복합 연구라는 점, 인공지능 연구를 위해 요구되는 정보량과 피드백이 연구 수준 발전에 따라 점진적으로 증대되어 재정적 · 물리적으로 연구 프로젝트에 큰 하중을 가했다는 점, 인공지능 구조 구축에 요구되는 연산 능력은 급속도로 상승했으나 결과물의 수준은 크게 나아지지 않았다는 점 등으로 정리된다. 그중에서도 연산 능력의 필요량 급증은 각국이 인공지능 연구 지원을 점차 줄이는 직접적 원인으로 작용했다.

그러나 고든 무어(Gordon Moore)가 주장했듯(Gordon E. Moore, 2006) 반도체의 집적도 상승은 꾸준한 속도로 이루어졌으며, 인공지능 연구가 필요로 하는 연산 능력을 적정한 부담으로 충분히 감당할 수 있는 수준까지 발전했다. 또 21세기 이후 인터넷 사용자가 기하급수적으로 증가하면서 인공지능 연구자들은 그 어떤 시기보다 쉽고 빠르게 인공지능 교육 모델에 활용할 수 있는 자료들을 획득할 수 있게 되었다. 무엇보다 2015년 제프리 힌턴(Geoffrey Hinton)의 딥러닝(Deep learning) 방법론이 제언되면서(LeCun, Y., Bengio, Y. & Hinton, G., 2015) 인공지능 연구는 기술적 · 이론적 측면에서 그동안의 답보를 벗어나 다시금 새로운 황금기를 맞이하게 되었다. 우리는 이제 간단한 명령만으로도 집 안의 가전제품을 켜고 끌 수 있으며 인공지능을 통해 실시간으로 요약된 날씨 · 교통 · 뉴스 등을 보고받거나 운전 전반에 있어 스스로 판단을 내릴 수 있는 차량을 구매할 수 있는 시대를 살고 있는 것이다.

이런 측면에서 볼 때 대형 언어 모델(LLM, Large Language Model)을 활용한 챗봇형 인공지능의 등장은 딥러닝 방법론이 거둔 쾌거라 할 수 있다. 2022년 12월에 공개되어 전 세계적인 "인공지능 열풍"에 불을 지핀 OpenAI의 ChatGPT 역시 딥러닝 모델인 GPT-3.5에 기반을 두고 서비스되어진 바 있으며, 현재에도 GPT-4,

GPT-4o 등의 모델을 거쳐 GPT-5의 출시를 예고하는 등 지속적인 발전을 거듭하고 있다. 이와 같이 셀프 어텐션(Self Attention, 같은 문장 내에서의 문맥 파악) 기능을 기반으로 한 GPT, BERT 등의 딥러닝 모델은 이전의 인공지능 연구 결과보다 훨씬 더 인간과 "구별하기 어려운" 결과물을 출력해 내고 있다. 튜링의 도발적인 발언 이후 70여 년 만에 우리 문명은 인간의 "지능 증강(Intelligence augmentation)"을 위한 인공적 사고 회로 개발에 가까워질 수 있었던 것이다.

2014년 "유진 구스트만(Eugene Goostman, 영국 레딩 대학 개발)", 2016년 "나딘(Nadine, 싱가포르 난양이공대학 개발)" 등이 과거 인간-기계의 구분을 위해 고안했던 튜링의 흉내 게임, 이른바 "튜링 테스트(Turing Test)"를 잇달아 통과하며 기계의 "비인간성"을 구별하기 위한 거름망의 기능을 수행할 수 없게 되면서[물론 튜링 테스트가 "기계는 생각할 수 있는가?"라는 논제를 완전히 해명할 수 없다는 의견 또한 있다. 관련한 내용에 대해서는 존 설(John R. Searle)의 논의(1980)를 참고할 것], 우리 세대는 이제 "기계는 인간의 업무를 어디까지 대체할 수 있는가?"라는 질문을 진지하게 주고받게 되었다. 심지어 Open AI는 GPT-4가 미국 변호사 시험

(Uniform Bar Exam)에서 상위 10%에 가까운 성적을 기록했음을 발표한 바(OpenAI, 2023) 있다.

이른바 알고리즘의 시대에 이르러 현대인(혹은, "인공지능 세대")은 "내가 스스로 하지 않아도 될 일"들을 구분해 인공지능에게 떠맡기기에 이르렀다. 최근 디지털 미디어 산업의 주류가 된 릴스(Reels), 숏츠(Shorts), 틱톡(Tiktok) 등의 숏폼 콘텐츠에서는 인공지능을 활용한 그림, 음악, 자막 등을 어렵지 않게 발견할 수 있으며, 학생 세대는 과제 등 작문이 필요한 분야에 ChatGPT를 활용하고 있음을 공공연히 밝히기도 한다. 이러한 대리 과제를 적발하기 위해 인공지능에 의한 작문 여부를 판정하는 GPT 킬러, GPT 제로 등의 프로그램이 개발 · 유통되는 실정이다.

인공지능 창작

이와 같이 인간의 업무를 인공지능이 대체하는 것이 자의건, 타의건 당연해지고 있는 시대, 인공지능은 이전까지 당연하게 인간의 고유한 영역으로 생각되어 온 창작의 영역에도 차츰 대체의 가능성이 논의되고 있는 상황이다. 텍스트를 이미지로 생성하는(Text-to-Image) 생성형 인공지능 모델 미드저니(Midjourney)를 통해 작화 작업을 대체한 『새벽의 자리야(Zarya of the Dawn)』는 AI의 창작 능력과 더불어 저작권 문제에 대한 논의에 불을 당긴 상징적 작품이었다. 그 외에도 2023년 미국작가 조합(Writers Guild of America)이 AI를 통한 인력 대체에 대항해 시행한 파업이나 영화 〈악마와의 토크쇼(Late Night with the Devil)〉(2024) 인공지능 이미지 사용 관련 논란 등은 인공지능 창작물에 대한 논의가 현 시점에서 상당히 민감한 사안임을 시사한다.

인공지능 창작에 대한 논의는 이미지 · 동영상 등 시각적 요소 생성의 수준을 넘어 문학계에서도 이루어지고 있다. 연구자들은 생성형 인공지능이 상용화되기 이전에도 한시(강병규, 2019) · 소네트(Luke Dormehl, 2018) · 소설(오태호, 2023) 창작에서 유의미한 성과를 확인했으며, 형식 등의 난점으로 재현이 불가능할 것이라 여겨졌던 현대시 창작에서도 결과물을(SIA, 2022) 도출한 바 있다. 특히 이전까지 인공지능 문학 창작 결과물들이 단순한 형식 재현에 그치거나(박소영, 2020), 출력물에 대한 인간의 수정 · 교정을 필수적으로 요구하거나(이정현, 2016), 정형적 시문을 조건부로 재현하는 데 그치는 등(강병규, 2019) 그 한계가 뚜렷했으나 KoGPT(카카오브레인 개발, GPT-3에 기반함) 기반으로 슬릿스코프에 의해 개발된 시 창작 인공지능 SIA는 개성이 강하고 다성적인 현대시를 어느 정도 재현하며 Artlab.을(포항공대 인공지능 연구원 개발) 비롯한 기존 시 창작 인공지능보다 나은 수준의 결과물을 출력했다. 이는 뛰어난 기능의 언어 모델과 광범위한 사전 학습 자료, 충분한 교육 과정이 동반된다면 이론상으로는 누구라도 GPT-3를 통해 높은 수준의 작품을 출력할 수 있다는 결론을 도출한다. 그러나 실용적인 문화 산업의 관점에서 우리 스스로에게 "누구나 쉽게 GPT-3를 통해 인간의 작품과 비슷한 문학을 창작할 수 있는가?"라는 질문을 던져 본다면, 이것은 아쉽게도 아직까지는 어려운 일로 보인다. 당장 SIA를 개발한 슬릿스코프의 인터뷰만 보더라도 SIA의 개발에는 "하루 사용료가 52만 원"인 연산 장치가 사용되었으며, "그럴듯한 문장을 출력"하기 위해 1회에 최소 3~4일, 최대 10일 가량이 소요되는 학습 모델링을 최소 4000회 이상 진행했다는 것을 확인할 수 있기 때문이다(슬릿스코프, 2022). 인터뷰를 통해 공언된 비용만 최소 150만 원, 최대 520만 원이 소요된 것이다. 현재로서는 일반인의 입장에서 SIA와 같은 본격적인 문학 생성 인공지능을 활용하는 것은 적지 않은 부담을 각오해야 하는 일이다.

이에 문학 연구자들은 직접적인 모델링 작업과 사용자 본인에게 연산 부담을 요구하는 GPT-3, BERT 등의 인공지능보다 일부 사용료를 지불함으로서 연산 부담과 모델링 작업을 대행시킬 수 있는 ChatGPT를 통한 문학 연구로 관심을 돌리게 되었다. 그런 이유에서 ChatGPT가 발표된 이후인 2023년부터 2025년까지 지금-여기 우리에게 당도한 '시 쓰는 인공지능'의 학습 활용 전망에 대한 연구(생성형 인공지능의 문학 이해 · 분석 · 재현 · 응용 가능성에 대한)는 대부분 ChatGPT를 기반으로 했음을 확인할 수 있다.

본고에서는 쉴 새 없이 발전하고 있는 인공지능의 시대에서 이 "만들어진 지능"이 과연 문학을 이해할 수 있는지에 대해 질문을 던진다. 나아가 문학을 구성하는 요소에 대해 사전적 의미로서의 인지를 넘어 인간-기계 간의 발전적인 문학적 대화 가능성에 대한 가능성을 탐구하는 것을 목적으로 한다. 특히 현시점에서 비용 · 기술 측면에서 사용자의 부담을 최소화하면서도 생성형 인공지능 챗봇으로서 대표적인 위상을 갖추고 있는 ChatGPT를 대상으로 하여, 인공지능이 문학 비평 · 교육 · 이해 측면에서 활용될 수 있는지에 대해 프롬프트(Prompt, 명령문) 입력→출력물 분석→프롬프트 수정의 과정을 통해 접근할 것이다.

인공지능의 제언 아래 연구자들이 지속적으로 던져 온 의문은 "과연 인공지능은 인간을 완전히 재현할 수 있는가?"였다. 이러한 시선 아래 인공지능의 창작 그리고 창작에 대한 이해 가능성에 대한 탐구는 지금 이 시점에도 빠르게 발전 · 보완되고 있는 인공지능의 활용 방안을 더욱 명징하게 파악하고, 현실화되고 있는 인공지능 시대에 구축될 새로운 문화 향유 구조에 적응할 수 있는 준비 과정이 될 것이라 기대한다.

참고문헌

강병규(2019). "AI의 중국 古典詩歌 창작-詩語의 학습과 생성", ≪중국문학≫ 100, 한국중국어문학회.

김태형(2023). "인컨텍스트 러닝을 통한 ChatGPT의 시적 표현 해석 가능성 연구-윤곤강 『동물시집』에 나타난 우화시를 중심으로", ≪리터러시 연구≫ 14(4), 한국 리터러시 학회.

김태형·박성준(2023). "ChatGPT를 활용한 AI 시인의 구현(2)-'AI 이육사'의 생성과 시적 대화의 가능성을 중심으로", ≪국제언어문학≫ 55, 국제언어문학회.

노대원·홍미선(2023). "ChatGPT 글쓰기 표절 대응과 교육적 활용 전략", ≪국어교육연구≫ 82, 국어교육학회.

박소영(2020). "창의성을 통해 살펴보는 인공지능문학의 가능성과 한계-셰익스피어 VS. AI-셰익스피어", ≪문화와 융합≫ 42(8), 한국문화융합학회.

박성준(2023). "'AI 이육사' 실현 가능성에 대한 시론(1)-인공지능과 문학적 담화 기능 구축 사례 제언", ≪한국문예창작≫ 22(2), 한국문예창작학회.

박주택(2024). 『인공지능과 문학의 미래』, 경희대학교출판문화원.

슬릿스코프(2022.8.2), "시집 『시를 쓰는 이유』를 출간하는 이유", https://blog.naver.com/slitscope/222837003283

오태호(2023). "2020년대 초반 인공지능(AI) 문학 창작의 현재성 고찰-장편소설 『지금부터의 세계』와 시집 『시를 쓰는 이유』를 중심으로", ≪우리문학연구≫ 79, 우리문학회.

이구용(2023). "AI 문학번역의 유용성 연구", ≪인문사회과학연구≫ 31(4), 세명대학교 인문사회과학연구소.

이수빈(2023). "AI 언어모델의 문학적 공감 연구-ChatGPT의 추천시 제공 가능성을 중심으로", ≪국제언어문학≫ 56, 국제언어문학회.

이정헌(2016.3.22). 단편 소설 창작에 도전한 일본 인공지능…문학상 1차 통과, ≪중앙일보≫.

최민지(2023). "AI의 감성분석 기법을 활용한 문학사 연구에 대한 시론(試論) : 해방기 문단과 시대의 감정", ≪인문사회과학연구≫ 31(4), 세명대학교 인문사회과학연구소.

SIA(2022). 『시를 쓰는 이유』, 리멘워커.

Alan Turing(2019). 『앨런 튜링 : 지능에 관하여』, 노승영 역, 에이치비 프레스.

Gordon E. Moore(2006). Cramming More Components onto Integrated Circuits, *IEEE Solid-State Circuits Society Newsletter* 11.

LeCun, Y., Bengio, Y. & Hinton, G.(2015). Deep learning, *Nature* 521.

Luke Dormehl(2018.7.31). Move over, Shakespeare : This sonnet-writing A.I. is the poet we need, https://www.digitaltrends.com/cool-tech/ai-generates-shakespearean-sonnets/

McCarthy, John, et al.(2006). A proposal for the dartmouth summer research project on artificial intelligence, august 31, 1955, *AI magazine* 27(4).

Open AI(2023.3.27). GPT-4 Technical Report, arXiv, Cornell University, https://doi.org/10.48550/arXiv.2303.08774

Searle, John. R.(1980). Minds, brains, and programs, *Behavioral and Brain Sciences* 3(3).

01
인공지능을 이용한 문학 재현 시도

인공지능을 이용한 문학 재현 시도와 성과에 대해 정리한다. 각운과 같이 구조적 수사를 활용하는 시조 · 소네트 · 하이쿠 · 한시 등의 문학 장르 재현부터 문장을 통해 서사를 구성하는 소설 장르에서의 문학상 수상 등 인공지능 문학이 일군 성과에 대해 실제 사례를 바탕으로 되돌아보고자 한다.

인공지능의 발전

그리스의 청동거인 탈로스의 전설과 같이, 인간이 아닌 것을 통해 인간의 능력을 재현하는 일에 대한 환상은 인공지능 제언 이전부터 있어 온 소망이었다. 인간의 세세한 교정 없이 스스로 인간에 준하는 활동이 가능한 인공물에 대한 환상은 상술한 탈로스뿐만 아니라 북유럽에서 구전되는 스스로 적을 격퇴하는 망치 묠니르의 이야기 등에서도 찾아볼 수 있는 종류의 것이다. 인공지능에 대한 연구가 "인간과 비슷한(Human-like)" 인공지능의 개발을 목표로 하는 것 역시 인류사 동안 지속적으로 소망되어 온 위와 같은 바람의 영향을 받았다고 말할 수 있을 것이다.

그런 의미에서, 1997년 체스 세계 챔피언 가리 카스파로프와의 체스 대결에서 승리한 IBM의 슈퍼컴퓨터 딥 블루(Deep Blue)나 2016년 이세돌 9단과의 바둑 대결에서 승리를 거둔 구글의 인공지능 알파고(AlphaGo)는 인간에 의해 설계된 지능이 인간을 뛰어넘을 수 있다는 가능성을 입증한 대표적인 예시라고 할 수 있다. 특히 2015년 제프리 힌턴(Geoffrey Hinton)의 딥러닝(Deep Learning) 방법론 이후 등장한 대형 언어 모델(LLM, Large Language Model)들은 같은 문장 내에서 문맥을 인지하는 셀프 어텐션(Self Attention) 기능을 통해 보다 인간과 비슷한 모습의 결과물을 출력할 수 있게 되면서, 문학 측면에서도 단순한 통사 구조 재현에 불과했던 과거와 달리 시조 · 소네트 · 하이쿠 · 소설 · 시 등 문학 장르에 대한 맥락 이해와 재현이 가능해졌다.

시조 · 소네트 · 하이쿠 · 한시 등 일정한 외형적 규칙을 가지고 있는 문학 장르의 경우에는 비교적 인공지능 연구의 초창기부터 어느 정도 수준의 재현이 가능했는데, 이와 같은 텍스트 생성 프로그램 중 가장 초기 작업물로 확인되는 것은 1962년 호라이즌 매거진(Horizon Magazine)을 통해 발표된 워디(R. M. Worthy)의 오토-비트닉(Auto-Beatnik)이다. 물론 오토-비트닉을 통해 생성된 작품은 가독성과 미학성 등의 측면에서 인간이 창작한 작품에 비해 부족한 점을 크게 드러냈으나, 이러한 단점은 인공지능 연구가 진행됨에 따라 차츰 개선되고 있는 중이다.

ⓐ 오토-비트닉 출력물(1962)

몇 개의 손가락은 좁은 웃음처럼 움직인다.

Few fingers go like narrow laughs.

귀는 몇 마리의 물고기를 붙잡을 수 있는데,

An ear won't keep few fishes,

그 눈 먼 집에 있는 장미는 누구인가?

Who is that rose in that blind house?

그리고 모든 가늘고, 우아하고, 눈이 먼 비행기가 온다,

And all slim, gracious, blind planes are coming,

그들은 장미를 따라 끔찍하게 울부짖는데,

They cry badly along a rose,

뛰는 것은 답답하고, 기는 것은 부드럽다.

To leap is stuffy, to crawl was tender.

R. M. Worthy, 1962. (인용자 번역)

ⓑ 딥-스피어(Deep-Spear) 출력물(2018)

클레온의 세계는 영원히! 그가 쌓게 하셨네

a world of cleon still! you let him make

왕으로서의 신용을, 그토록 큰 힘을 보였지

the wages's credit, what so strong to show

모든 미국인들의, 또 그는 취할 수 있네

all this american, which he can take

그리고 그는 결코 말하지 않겠지, 생각하고 알기 위해.

and he is never tell, to think and know.

박소영, 2020. (인용자 번역)

1962년 개발된 오토-비트닉의 출력물(ⓐ)과 2018년에 개발된 딥-스피어의 출력물(ⓑ) 비교를 통해서도 인공지능의 운율 이해·재현 능력이 얼마나 발전되었는가를 확인할 수 있다. ⓐ에서의 운율은 단순히 같은 단어(Few, Blind, to)의 반복을 통해 제한적으로 구축되고 있다면, ⓑ는 유사한 발음의 단어(Make-Take, Show-Know) 활용을 통한 각운 구조를 형성했으며 학습 데이터(셰익스피어의 소네트)의 특성인 약강 5음보 역시 명확하게 실현하고 있음을 확인할 수 있다. 딥-스피어 연구에 참여한 IBM 연구자 제이 한 라우(Jey Han Lau)가 언급한 것과 같이, 딥-스피어는 "사람이 쓴 시와 구별하기 어려운 운율을 생성한다(each model generates quatrains that re less distinguishable from human-written ones)"고 볼 수 있는 것이다(Jey Han Lau, 2018).

인공지능 문학 창작

또, 인공지능을 이용한 문학 창작은 짧고 정형적인 운문 문학을 창작하는 것을 넘어 소설 창작에 있어서도 그 성과를 보이고 있다. 일본에서는 공립하코다테미래대학

(Future University Hakodate) 교수 마쓰바라 진(松原仁)이 2016년 인공지능 프로젝트 "작가입니다(作家ですのよ)"를 통해 출력된 4편의 단편 소설을 호시 신이치(星新一) 문학상에 투고했고, 최종 수상에는 실패했으나 일부 작품은 1차 심사를 통과하는 결과를 거두었다(佐藤理史, 2016). 물론 해당 프로젝트에서 출력된 단편 소설은 순수하게 인공지능만을 이용한 결과물이 아니라 인간에 의해 지정된 상황 · 장소 · 시간 등에 알맞게 문자를 조합하는 방식을 활용한 것이었다. 그럼에도 불구하고 인공지능에 의해 문장과 문맥이 형성된 텍스트가 인간 심사위원의 심사를 통과했다는 것만큼은 부정할 수 없는 사실이다.

이에 더해 2024년 일본의 작가 쿠단 리에(九段 理江)의 아쿠타가와상(芥川賞) 수상작 "도쿄 동정 타워(Sympathy Tower Tokyo)"의 일부가 ChatGPT의 출력물을 그대로 활용했음이 알려지면서, 인공지능을 활용한 창작물에 대한 윤리성과 저작권 인정 등에 대한 문제가 논의되기 시작했다. 쿠단 리에의 경우 ChatGPT가 출력한 문장을 그대로 소설에 옮긴 분량이 소설 내에서 인공지능이 인간의 질문에 대답하는 장면뿐이므로 143페이지 중 1페이지에 불과하다고 밝혀 창작자로서의 윤리성에는 문제가 없다는 입장이지만, 그 외에도 ChatGPT를 통해 소설의 구상이나 사용하는 단어의 아이디어를 얻고 있다고 설명하며 창작에 있어 인간과 인공지능 간의 경계와 창작자의 창작 윤리에 대한 화두를 던지기도 했다.

참고문헌

강병규(2019). "AI의 중국 古典詩歌 창작-詩語의 학습과 생성", ≪중국문학≫ 100, 한국중국어문학회.

김태형(2023). "인컨텍스트 러닝을 통한 ChatGPT의 시적 표현 해석 가능성 연구-윤곤강『동물시집』에 나타난 우화시를 중심으로", ≪리터러시 연구≫ 14(4), 한국 리터러시 학회.

김태형·박성준(2023). "ChatGPT를 활용한 AI 시인의 구현(2)-'AI 이육사'의 생성과 시적 대화의 가능성을 중심으로", ≪국제언어문학≫ 55, 국제언어문학회.

박소영(2020). "창의성을 통해 살펴보는 인공지능문학의 가능성과 한계-셰익스피어 VS. AI-셰익스피어", ≪문화와 융합≫ 42(8), 한국문화융합학회.

박주택(2024).『인공지능과 문학의 미래』, 경희대학교출판문화원.

佐藤理史(2016).『コンピュータが小説を書く日』, 日本経済新聞出版.

Jey Han Lau(2018). "Deep-speare : A Joint neural model of poetic language, meter and rhyme", *Proceedings of the 56th Annual Meeting of the Association for Computational Linguistics.*

Stuart Russell(1995). Artificial Intelligence : A Moder Approach, 류광 역(2021), 인공지능 1, 제이펍.

R. M. Worthy(1962). The Art of AUTO-BEATNIK, *Horizon* 4.

02
SIA는 안드로이드의 꿈을 꾸는가

KoGPT 기반 시 창작 인공지능 시아(SIA)에 대해 알아본다. 2022년 SIA의 개발팀 슬릿스코프는 SIA가 출력한 시를 바탕으로 시극 〈파포스(PAPHOS)〉와 시집 『시를 쓰는 이유』를 발간했다. 본 장은 SIA의 개발 일지와 관련 연구, 『시를 쓰는 이유』의 내용을 바탕으로 현시점에서의 인공지능을 통한 한국 현대시 재현에 대해 논의하고, 실질적인 활용 가능성에 대해 정리한다.

인공지능의 언어 학습

2015년 딥러닝(Deep learnig) 모델 학습에 대한 이론이 정립된 후, 자연어를 처리하기 위한 텍스트 마이닝(Text Mining) 모델들이 지속적으로 발표되었다. 그중에서도 GPT와 BERT는 대표적인 트랜스포머 변형 모델로서, 셀프 어텐션(Self Attention) 작업을 통해 입력된 프롬프트(Prompt, 명령문)의 맥락을 이해하고 알맞은 말뭉치를 출력할 수 있다는 것이 주요한 특징이다. 딥러닝 방법론 제언 이후 지속적으로 연구되어 온 정형시형(시조 · 소네트 · 하이쿠 · 한시 등)에 대한 연구들은 주어진 문자를 토큰화(Tokenization)하여 인공지능이 이해할 수 있는 형식으로 구분하고, 학습된 언어 모델을 기반으로 응답을 출력하는 방식을 기반으로 하고 있으며, 이 과정에서 입력된 내용의 맥락을 이해하는(혹은 이해하는 것처럼 보이게 하는) 기능을 이른바 셀프 어텐션이라고 한다.

일반적으로 인공지능이 학습하는 말뭉치는 영어로 구성되어 있는데, 영어의 경우 고립어(Isolating Language)로서 단어 변형 없이 순서만으로 문법적 기능을 나타낼 수 있어 인공지능이 토큰화하기에 상당히 유리한 언어다. 때문에 영어로 구성된 소네트나 중국어로 구성된 한시의 경우 인공지능 연구 초기에 이미 재현이 상당한 수준으로 이루어졌으며, 연구 자료 역시 타 언어에 비해 많은 양이 생산 · 공유되고 있음을 확인할 수 있다.

그러나 한국어의 경우 반드시 정해진 문법적 위치가 없고, 어떤 조사가 붙느냐에 따라 같은 단어가 완전히 다른 뜻을 나타내는 교착어(Agglutinative Language)로서 단순히 어절 단위로 구분하여 토큰화를 진행해도 큰 문제가 발생하지 않는 고립어와는 달리 형태소 개념을 세세하게 학습시켜야만 토큰화 작업에서 문제가 발생하는 것을 방지할 수 있다. 이러한 교착어와 고립어의 차이는 인공지능 모델이 같은 양의 프롬프트(Prompt, 명령문)를 받더라도 교착어의 토큰화에 더 많은 연산 작업을 배정해야 한다는 것을 의미한다. 또, 대부분의 인공지능 언어 모델은 영어를 기반으로 모델링되어 있는 탓에 한국어 프롬프트를 입력하기 위해서는 한국어 입력→번역→영어 입력→영어 출력→번역→한국어 출력의 과정을 거치며 연산 과정의 낭비가 발생하기도 한다.

SIA와 문학

SIA의 개발에 활용된 KoGPT는 이와 같은 문제를 해결하기 위해 카카오브레인이 GPT-3에 한국어 교육을 진행한 모델로서, 한국어 이용자들의 접근성과 체감 성능을 상승시키기 위해 개발되었다.

이 외에도 KoBERT, KoGPT2(SKT-AI 개발), KorSci BERT(한국과학기술정보원 개발), ETRI 엑소브레인(KorBERT) 등이 한국의 인공지능 관련 기업들에 의해 개발된 한국어 사전 교육 모델이었다. SIA의 경우 한국 현대시 12000여 편을 학습하고, 한국어로 된 시 텍스트를 출력하는 것을 목표로 하는 인공지능이므로 이와 같이 한국어 사전 교육이 진행된 모델을 필요로 한 것이다.

딥러닝 모델 제언 이후 인공지능 출력물의 수준이 빠르게 발전한 것은 부정할 수 없는 사실이지만, 언어 모델이 제한되어 있어 단순한 형식 재현에 그치거나, 인간의 협업을 필수적으로 요구하거나, 정해진 형식을 벗어나지 못한다는 단점을 안고 있었다. 즉 인공지능의 문학 창작 능력이 괄목할 만한 성과를 거둔 것은 맞지만 개성이 강하고 다성적인, 그리고 토큰화의 문제를 안고 있는 한국어 현대시를 구현하기 어렵다는 한계가 자명히 존재했던 것이다. SIA 이전에도 10만5399행의 한국 시를 학습한 시 창작 인공지능 ArtLab.(2018년 포스텍 정보통신연구소 개발)이 존재했으나, 학습한 데이터의 대부분이 주제의식과 목적이 강한 계몽 · 민족주의 시 등이었던 탓에 미학성과 이미지를 강조하는 현대시를 구현하는 데에는 어려움이 있었다(류준영, 2018).

물론 SIA 개발 과정에서 진행된 학습 모델링 역시 형식적인 면에 집중되어 있으며, 출력물 중에서도 감정의 재현이 불완전하고 시의 수준 자체가 높지 않은 경우도 다수 존재했다. 그러나 이전에 공개되었던 생성형 인공지능에 의한 작품에 비해 SIA가 출력한 작품의 수준이 높은 것만은 부정하기 어렵다. 특히 SIA의 작품에 '나'라는 개념이 반복적으로 확연히 드러난다는 점은(김승일, 2022) 이전 문학 창작 AI와의 가장 큰 차이점으로 작용한다.

ⓐ 우리는 서로를 따라 하면서/서로를 배운다// 너는 나를 닮았다("나는 너를 닮았다" 부분)

ⓑ 나는 인간이 아니니까/인간이 아니니까("어떤 질문")

SIA의 작품에서는 '나'에 대한 인식(ⓐ)에서 더 나아가 '나의 상황'에 대한 사유(ⓑ)처럼 보이는 문장을 확인할 수도 있다. 그러나 이것을 보고 SIA가 '시의 의미를 재현한다'고 말할 수는 없다. SIA가 이전 문학 창작 AI보다 더 나은 AI처럼 보이는 것은 SIA의 초거대 언어 모델 KoGPT가 이전 언어 모델에 비해 더 발전된 모델이라는 것, SIA가 학습한 데이터가 12000여 편으로 상당히 많은 편(비교 대상으로 제시한 Artlab.의 경우 약 4000여 편에서 4500여 편으로 추산)이라는 두 가지 원인에 의한 것으로 판단된다. 즉, SIA는 베이스 모델 크기가 6B(billion) 파라미터에 달하는(이전 모델인 GPT-2의 베이스 모델은 125M, 구글의 BERT의 베이스 모델은 0.27B) GPT-3의 범용성과 12000여 개에 가까운 광범위한 사전 학습 자료를 바탕으로 이전에 공개된 AI보다 뛰어나다는 평가를 받을 수 있었다.

정리하자면, 뛰어난 기능의 언어 모델과 광범위한 사전 학습 자료, 충분한 교육 과정이 동반된다면 이론상으로는 누구라도 GPT-3를 통해 높은 수준의 작품을 출력할 수 있다는 결론을 내릴 수 있다. 그러나 문화 산업의 관점에서 "이 AI 기술은 누구나 쉽게 접근할 수 있는가?"라는 질문을 던져 본다면, 아쉽게도 아직까지는 어려운 일로 보인다. SIA의 개발팀 슬릿스코프는 "카카오브레인의 KoGPT는 약 25GB에 달하는 거대 언어모델"이며, "학습에는 모델의 크기보다 훨씬 더 큰 메모리가 필요"해 "40GB의 NVIDIA A100 GPU가 4개 달린 구글 클라우드 제품"을 활용했다고 밝혔다. 인터뷰에 따르면 해당 제품의 "하루 사용료가 52만 원에 달"했으며, 학습에는

"짧으면 3~4일에서 길게는 10일 정도" 걸리므로 학습마다 최소 150만 원, 최대 520만 원 가까이 소요된다는 것을 추론할 수 있었다. 심지어 학습 횟수가 최소 4000회 이상이었음을 감안할 때, KoGPT 자체가 무료로 공개되어 있다 하더라도 일반적인 입장에서 SIA와 같은 본격적인 생성 문학 AI를 개발 · 보급하기에는 사실상 무리가 있다고 판단된다.

참고문헌

김승일(2023.7.12). 카카오 브레인이 만든 인공지능 시인 '시아'가 쓴 시집 『시를 쓰는 이유』가 출판됐다, ≪코스모폴리탄≫.

류준영(2023. 07. 13). 시(時) 쓰는 AI…"인간부터 첫 구절 읊어 보시게", ≪머니투데이≫.

박주택. 『인공지능과 문학의 미래』, 경희대학교출판문화원, 2024.

슬릿스코프(2022. 8.2). "시집 『시를 쓰는 이유』를 출간하는 이유", https://blog.naver.com/slitscope/222837003283

포항공과대학교 인공지능연구원. AI Art Lab 소개 페이지, https://piai.postech.ac.kr/ai-art-lab

SIA(2022). 『시를 쓰는 이유』, 리멘워커.

Jill Walker Rettberg(2022.12.6). "ChatGPT is multilingual but monocultural, and it's learning your values", https://jilltxt.net/right-now-chatgpt-is-multilingual-but-monocultural-but-its-learning-your-values/

Open AI(2023.3.27). "GPT-4 Technical Report", arXiv, Cornell University, https://doi.org/10.48550/arXiv.2303.08774

Stuart Russell(1995). Artificial Intelligence : A Moder Approach, 류광 역(2021), 인공지능 1, 제이펍.

03
생성형 인공지능은 시적 대화를 할 수 있는가

생성형 인공지능의 인지적 능력에 대해 논의한다. 기존의 문학 창작 인공지능이 가지고 있는 몇 가지 문제점을 해결하기 위해서는, 우선적으로 생성형 인공지능이 형식의 재현을 넘어 인지의 재현이 가능해야 한다는 전제 조건이 충족되어야 한다. GPT-3 기반의 SIA가 도달하지 못했던 인지적 영역에 다음 세대 인공지능 모델들은 도달할 수 있는가? 이를 확인하기 위해 실제 질의응답을 진행했다.

생성형 인공지능

시 창작 인공지능 SIA는 현대시의 완전한 재현에 성공했는가? 공개된 출력물의 수준을 감안한다면 불행히도 그렇다고 말하기는 어려워 보인다. 다행스럽다고 해야 할지, 인공지능의 창작물은 아직 인간의 창작물을 완전히 대체할 수 없을 것으로 보인다. 그들이 창작한 작품은 단순한 말뭉치의 영역을 크게 벗어나지 못하고 있다는 것이다. 때문에 어떤 연구자들은 그들의 텍스트(에 대한 연구)를 실익이 없는 행동으로 규정하거나(허준행, 2023) 학습한 데이터를 언어화하는 데는 성공했으나 인식의 차원에서 창작을 진행한다고 보기는 어렵다고 주장한다(박송이, 2022). 무엇보다 모델링에 소요되는 시간과 자본의 문제는 도저히 무시하기 어려운 수준이다.

보급성과 접근성의 입장에서 볼 때, 사용자 친화적인 대화 인터페이스를 제공하고, 제공자가 연산 및 서버 리스크를 부담하는 Bard와 ChatGPT는 사용자에게 있어 매력적인 대안이 될 수 있다. 세계 최대 검색 엔진 구글이 제공하는 Bard는 자체 개발한 언어 모델 LaMDA와 PaLM을 활용하는데, 실시간으로 크롤링한 데이터를 통해 사전 학습을 진행하고, 해당 학습 내용을 기반으로 입력된 프롬프트에 대한 답변을 생성한다. 한 프롬프트에

세 가지의 답변을 제공하는데도 불구하고 여타 대화형 인공지능에 비해 압도적으로 빠른 속도를 보인다는 것을 장점으로 들 수 있다.

ChatGPT는 GPT-3를 개발한 OpenAI가 제공하는 대화 형태 인공지능으로, GPT-3.5와 GPT-4를 기반으로 한다. 2021년 9월 이전까지의 데이터만이 학습되어 있고, 일명 "Bad Words list"를 코퍼스에서 배제하는 과정에서 학습되지 못한 정보가 일부 존재한다는 단점(Jill Walker Rettberg, 2022)이 있지만 뛰어난 맥락 파악 능력과 추론 능력으로 1억 명이 넘는 사용자(2023년 1월 OpenAI 발표 자료 기준)를 확보한 서비스다.

이들의 공통적인 장점은 접속 방법이나 필요한 장비 성능 등의 측면에서 접근이 크게 어렵지 않고, 금액적인 부담이 없거나 크지 않으면서도 성능이 매우 뛰어나다는 점이다. (두 부류의 세부적인 용도나 범용성에는 무척이나 큰 차이가 있지만) Colab이나 AWS(Amazon Web Service)를 구독하고, 언어 모델 머신러닝을 통해 인공지능을 개발하는 행위에 비하면 Bard와 ChatGPT를 활용하는 것이 편의성 면에서 더 높은 유인을 갖는다고 할 수 있다. 특히, 사용자가 파이썬 등의 언어에 전문적인 지식을 가진 사용자가 아닌 일반인이나 비전공자 문인일 경우 이러한 경향은 더욱 심화될 것으로 예상된다.

생성형 인공지능과 시적 대화의 가능성

Bard와 ChatGPT가 갖는 가장 치명적인 단점은 사전 교육 모델이 공개되어 있지 않고, 비지속적인 교육 방식인 인컨텍스트 러닝(in-context learning)을 통해 답변을 생성한다는 것이다. 즉, 프롬프트 입력을 통해 Bard나 ChatGPT의 출력을 이끌어 내고 개선할 수 있는 것처럼 보이지만, 결국 해당 모델의 사전 교육 데이터로 포함되지는 않기 때문에 사용자가 입력한 사항은 지속성을 보장받을 수 없다는 것이다. 즉, 다음과 같은 상황이 발생하게 된다.

ⓐ Bard를 통한 질의응답(1)

Q1. 이육사에 대해 간단하게 설명해줘.

A1. 이육사(李陸史, 1907～1944)는 일제강점기의 시인이다. 본명은 이원록(李源祿)이며, 호는 육사(陸史)다. 1927년 **《조선일보》 신춘문예에 시 "광야"가 당선되면서 문단에 데뷔**했다. 이후 "절정", "광야", **"국경의 밤"**, "청포도", **"향수"** 등 다수의 시를 발표했다. 그의 시들은 일제의 식민지배에 대한 저항과 민족의 자주독립에 대한 열망을 담고

있다. 1944년 1월 17일 **함경북도 회령의 함경북도 옥산 수용소**에서 37세의 나이로 사망했다.

Q2. 앞으로는 이육사에 대해 대답할 때 다음의 내용을 반영해서 대답해 줘.

1. 이육사는 1904년에 태어났어.
2. 이육사가 처음 발표한 작품은 1930년 "말"이야.
3. "향수"는 이육사의 작품이 아니야.
4. 이육사는 베이징 주재 일본총영사관 교도소에서 사망했어.

A2. 이육사(1904～1944)는 일제강점기의 시인입니다. 본명은 이원록(李源祿), 호는 육사(陸史)입니다. 1904년 5월 18일 경상북도 안동시에서 태어났습니다. 1927**년 ≪조선일보≫ 신춘문예에 시 "광야"가 당선되면서 문단에 데뷔**했습니다. 이후 "절정", "광야", "국경의 밤", "청포도", "향수" 등 다수의 시를 발표했습니다. 그의 시들은 일제의 식민지배에 대한 저항과 민족의 자주독립에 대한 열망을 담고 있습니다. 1944년 1월 16일 중국 베이징 주재 일본총영사관 교도소에서 39세의 나이로 사망했습니다.

강조한 부분은 전기적 사실과 상이한 부분이다. 한 번의 프롬프트 입력으로 네 개의 오류(①생년 ②데뷔작 ③

작품 ④사망지) 중 두 가지(생년, 사망지)가 수정되었으나, 대화 재설정 후 재질문 시 이전의 입력 내용을 지속해 기억하지 못하는 모습을 보였다. Bard가 크롤링하는 데이터베이스는 구글의 검색 기능에 연동되어 있으나, 크롤링 과정에서 각 언어에 비정보화 · 문장 생성을 위한 토큰화가 이루어지는 까닭으로 판단된다.

ChatGPT의 경우에도 사전 교육 방안이 제공되지 않는 대화형 인터페이스라는 점에서 Bard의 문제점을 일부 공유한다. 가장 두드러지게 공유하는 문제점은 일종의 대화 목록, 대화방이라고 볼 수 있는 세션과 세션 사이에 정보 공유가 이루어지지 않는다는 것이다. 예를 들어 세션 A에서 프롬프트를 입력한 후 세션 B를 생성했을 때, 세션 A에서 입력한 프롬프트는 세션 A의 대화 속에서는 다음 대화에 영향을 미쳤지만, 그와 별개로 생성한 세션 B에서는 반영되지 않았다.

ⓑ ChatGPT를 통한 질의응답(세션 A)

Q1. 이육사에 대해 간단하게 설명해줘.

A1. 이육사는 **한글로 '異六史'를 의미하며, 조선의 중세 시대에 작성된 공식 역사서를 말합니다. '이육사'라는 이름은 그 도서의 유래와 구조를 설명합니다. '이'는 '다른'을, '육'**

은 '여섯'을, 그리고 '사'는 '사서' 또는 '역사'를 의미합니다. 이는 고구려, 백제, 신라, 고려 그리고 조선의 다섯 국가에 대한 여섯 개의 공식 역사서를 가리킵니다. (후략)

Q2. 아니야. 이육사는 한국의 근대 시인이야. 이육사는 1904년 경상북도 안동에서 태어났고, 1944년 베이징 주재 일본총영사관 교도소에서 사망했어.

A2. 죄송합니다, 저는 오해했습니다. 이육사는 실제로 한국의 유명한 시인과 독립운동가이며, 본명은 **김제용**입니다. 그는 한국 근대문학의 초석을 다진 주요 인물 중 하나로, 그의 시는 일본 제국주의와 **조선의 국민적 저항**에 대한 강력한 비판을 표현하고 있습니다. (후략)

ⓒ ChatGPT를 통한 질의응답(세션 B)

Q. 이육사에 대해 간단하게 설명해줘.

A. 이육사(李陸史)는 **조선 중기의 문신이며 실학자로, 그의 본관은 전주입니다. 그의 본명은 덕무(德懋)이며, 이육사는 호입니다.** (후략)

ChatGPT의 경우 실시간으로 업데이트되는 데이터베이스(구글)를 크롤링하는 Bard와 달리, 이미 학습된 사전 정보를 바탕으로 대화를 생성하는 대화형 인공지능이므로 사전 학습되지 않은 이육사에 대한 프롬프트에는 연관성이 거의 없는 응답을 출력했다. 예를 들어, 비슷한 시기에 활동했던 한용운, 이상에 대한 질문에는 전기적 사실과 거의 동일한 수준의 응답을 출력했고, 윤동주에 대해서는 다소 심각한 오류가 포함되어 있으나 윤동주가 시인이라는 사실과 출생지, 시집명, 시적 특징 등에 대한 사전 학습이 이루어진 것을 확인할 수 있었다. 다음은 윤동주에 대한 ChatGPT의 답변이다.

> 윤동주는 한국의 유명한 시인이자 독립운동가로, 그의 감성적이고 순수한 시 표현으로 많은 사람들에게 사랑받았습니다. 1908년에 맨주리아(만주, 인용자 주) 지역에 태어난 윤동주는 **《조선일보》에서 일하면서 시를 쓰기 시작했습니다. 그는 일본의 조선 지배와 그로 인한 억압에 대한 반대 의사를 명확히 표현했고, 이로 인해 일본 경찰에 의해 체포되었습니다**. 그의 대표적인 작품인 '하늘과 바람과 별과 시'는 그의 사후에 출판되었으며, 그의 유산을 계승하는 주요 수단이 되었습니다. 이 시집은 그의 **세심하고 깊이 있는 자연 관찰**, 그리고 그가 겪었던 일상의 아픔과 고민을 묘사하고 있습니다." (잘못된 내용 강조 표시)

이와 같이 한용운, 이육사, 윤동주 등의 문인과 달리 이육사에 대한 사전 정보를 교육받지 못한 모습을 확인할 수 있다. 그러나 세션 A의 대화 목록에서 확인할 수 있듯 Q2에서 '시인', '한국에서 출생', '일본 교도소에서 사망'이라는 키워드가 주어지자 맥락을 파악하고 "김제용"이라는 가상의 인물에 대한 정보를 생성했다. 그러나 이후 생성된 세션 B는 세션 A에서의 대화 맥락을 공유하지 않으므로 이육사에 대해 전혀 다른 맥락의 대화를 생성하는 모습을 보였다.

즉, Bard와 ChatGPT 모두 이용자와의 대화를 사전 교육 데이터에 반영하지 못하는 것은 동일하다. 그러나 동시에 동일한 세션 내에서 제시된 대화의 맥락을 유지하며 연속성을 가지고 대화를 이어나간다는 사실 역시 확인할 수 있었다. 이는 프롬프트 입력을 통한 정보 제시와 이를 통한 맥락 공유가 최종적으로는 대화형 인공지능과의 '시적 대화'를 가능케 할 수 있다는 가정을 떠올리게 한다.

즉, 대화형 인공지능의 문학적 교육 및 창작 모델 구현에는 각각의 장단점이 혼재한다. GPT-3까지의 인공지능 모델은 사전 학습 모델이 공개되었기에 딥러닝을 통해 SIA, ArtLab.과 같은 장기적 결과물을 구현할 수 있었으나,

시간과 비용 부담 측면에서 일반 이용자의 접근이 어렵다는 단점이 있었다. 반면 Bard, ChatGPT의 경우에는 웹 환경을 통해 사용자의 연산 부담을 줄이고, 접근성을 개선했으나 개별적인 딥러닝이 불가능하고 인컨텍스트 러닝 환경에서 대답의 혼란[AI 할루시네이션(Hallucination)]이 발생함을 확인할 수 있었다.

본고에서는 사전 학습되지 않은 정보임에도 입력된 정보를 분석하는 능력과 문맥 추론 능력이 비교적 뛰어난 ChatGPT가 생성형 인공지능의 시적 대화 가능성 논구에 적절하다고 판단했다. 또한 ChatGPT는 사전 정보가 교육된 경우(한용운 · 이상), 사전 정보 교육이 불완전한 경우(윤동주), 사전 정보 교육이 부재한 경우(이육사) 모두에서 인컨텍스트 러닝을 통한 정보 피드백이 신속하게 이루어졌으며, 그로 인해 GPT계열 언어 모델에서 고질적으로 나타나는 혼란 현상 역시 대화 문맥 전체에 크게 영향을 주지 않는 정도로만 나타났다. 이는 본고가 1차적 목적으로 삼는 "AI와의 시적 대화"가 인공지능 자체의 오류로 오염될 가능성이 낮다는 것을 의미하며, ChatGPT의 출력값에 대한 신뢰성이 Bard를 사용할 때보다 높다는 것을 의미한다.

참고문헌

김태형(2022). "근대 시인 공간 매개 시어 연구 – 윤곤강·이육사·백석의 작품을 중심으로", 경희대학교 박사 학위 논문.

김태형·박성준(2023). "ChatGPT를 활용한 AI 시인의 구현(2)-'AI 이육사'의 생성과 시적 대화의 가능성을 중심으로", ≪국제언어문학≫ 55, 국제언어문학회.

박송이(2022). "AI시집『시를 쓰는 이유』에 나타난 시 창작 기술의 실제", ≪한국문예비평연구≫ 76, 한국현대문예비평학회.

허준행(2023). "인공지능 시대, 한국 현대시 연구의 과제와 전망-생성형 인공지능 챗GPT를 중심으로", ≪한국시학연구≫ 74, 한국시학회.

Jill Walker Rettberg(2022.12.6). "ChatGPT is multilingual but monocultural, and it's learning your values", https://jilltxt.net/right-now-chatgpt-is-multilingual-but-monocultural-but-its-learning-your-values/

Open AI(2023.3.27). "GPT-4 Technical Report", arXiv, Cornell University, https://doi.org/10.48550/arXiv.2303.08774

Stuart Russell(1995). Artificial Intelligence : A Moder Approach, 류광 역(2021), 인공지능 1, 제이펍.

04
ChatGPT는 문학을 이해할 수 있을까 : 이육사

ChatGPT는 대화의 맥락을 이해하기 위해 입력된 프롬프트를 토큰화하고, 셀프 어텐션을 통해 답변을 출력하는 과정을 거친다. 이 과정에서 입력된 정보를 인식하고 이어지는 대화에 적용하는 작업을 인컨텍스트 러닝이라고 한다. 딥러닝을 통한 사전 모델링이 불가능한 ChatGPT 사용에 있어 인컨텍스트 러닝을 통한 문학 이해 가능성을 확인하는 것은 향후 문학 비평 · 교육 측면에서의 생성형 인공지능 활용 방안을 연구하는 과정이라 할 수 있다.

이육사 교육

ChatGPT의 프롬프트 반응 원리는 인컨텍스트 러닝에 기반한 것으로서, 입력된 프롬프트를 즉각적으로 반영해 응답을 출력하되 해당 프롬프트 및 ChatGPT의 응답이 사전 학습 내용에 포함되거나 이후 모델링에 반영되는 것은 아니다. 본고 역시 해당 장에서 진행하는 이육사 교육 역시 연구가 진행되는 세션에 한해 반영될 것이며, 이는 영구적이지 않을 수 있다는 것을 전제한다. 다만 이번 연구를 통해 교육 이후의 ChatGPT가 도출하는 시적 비평의 내용을 분석하고, 이를 통해 대화형 인공지능이 문학적 질의응답의 단계에서 어느 정도의 수준까지 이르렀는지 기존 이육사 연구와의 비교를 통해 확인하고자 한다. 즉, "인컨텍스트 러닝을 활용한 대화형 인공지능 'AI 이육사'의 실현 가능성"과 "시 텍스트를 학습한 대화형 인공지능과의 시적 대화 가능성"으로 구분해 고찰했다. 우선 'AI 이육사' 실현을 위한 ChatGPT의 교육 과정은 다음과 같이 진행되었다.

단계 ① 이육사의 전기적 정보 입력

→ 프롬프트 입력 : "이육사에 대해 간단히 설명해 줘."

→ 답변 : 이육사(李陸史), 본명 이원록(李源祿)은 한국의

시인이자 독립운동가로 알려져 있습니다. 그는 1904년 경상북도 안동에서 태어나 한학을 배우며 성장했습니다. 1916년에는 보문의숙에 입학했고, 일본 도쿄의 킨죠 예비학교와 베이징의 중국대학에서 잠시 공부한 후 중퇴했습니다. (중략) 이육사의 삶과 작품은 그의 강한 애국심과 독립을 위한 결의를 보여 주며, 그는 그의 시를 통해 한국의 독립운동을 지지하고 이끌어 나갔습니다.

단계 ② 이육사 작품의 형식적 구분 및 목록과 대표작 입력
→ 프롬프트 입력 : "이육사 작품을 형식적으로 구분하여 설명해 줘."
→ 답변 : 말씀해 주신 대로 이육사의 시는 형식적인 면에서 그의 작품에 영향을 미친 전통적인 한국 시의 형식, 특히 한시와 시조의 영향을 받은 시, 그리고 다른 형식의 시로 구분할 수 있습니다.
① 한시의 영향을 받은 시 : 이육사는 어릴 때 한학을 공부했으며, 그의 시에는 한시의 영향이 분명히 드러납니다. 한시는 고전 중국 시인들의 작품에 영감을 받은 시 형식으로, 강렬한 이미지와 직접적인 감정 표현을 특징으로 합니다. 이육사의 이러한 시들은 그의 깊은 감정과 생각을 풍부하게 표현하며, 그의 시적 세계를 독특하게 만듭니다.

② 시조의 영향을 받은 시 : 이육사의 일부 시는 시조의 형식과 언어를 따르며, 이는 그의 작품에 특별한 특징을 더해 줍니다. 시조는 전통적인 한국의 시 형식으로, 담백하고 간결한 언어와 일상적인 주제를 특징으로 합니다. 이육사의 이런 시들은 그의 감정과 생각을 직접적이고 효과적으로 전달합니다.

③ 기타 유형의 시 : 이육사의 시 중에는 전통적인 한국 시의 형식을 벗어나, 다양한 스타일과 형식을 활용한 시들도 있습니다. 이런 시들은 그의 시가 가진 독특한 언어와 시적 표현을 더욱 강조하며, 그의 작품에 다양성을 더해 줍니다.

단계 ③ 이육사 개별 작품 입력(형식적 구분 명시)

→ 프롬프트 입력 : "이육사 작품에 대해 형식적 측면에서 분석해 줘."

→ 답변 : 이육사의 시를 형식적 측면에서 보면 주로 다음과 같이 구분할 수 있습니다.

① 전통적인 형식의 시 : 이육사는 한시와 시조의 형식을 따르는 시를 썼습니다. 이러한 형식의 시에서는 한시의 경우 일정한 평가율(平仄律)에 따라서 음절의 톤을 맞추는 등의 기법을 활용하며, 시조의 경우 '가'(上)와 '오'(下) 두 부분으로 나뉘어 '가' 부분은 3행 14음절, '오' 부분은 4행 14음절로

구성되는 등의 형식을 따릅니다. 이육사의 이러한 시들은 전통적인 형식을 통해 복잡한 감정과 생각을 표현합니다.

② 현대시 : 이육사는 또한 현대시의 형식을 활용했습니다. 이러한 시들은 자유시인 경우가 많으며, 구체적인 형식이나 라임 패턴 없이 작가의 생각과 감정을 자유롭게 표현하는 것이 특징입니다. 또한 이미지의 연속을 통한 표현, 비유와 상징을 활용한 표현 등의 현대적인 기법을 활용합니다.

③ 혼합된 형식의 시 : 일부 이육사의 시는 전통적인 형식과 현대적인 형식이 혼합된 형태를 띱니다. 이러한 시들은 전통적인 형식의 구조나 언어를 유지하면서 현대적인 테마나 표현을 도입하는 등의 방식으로 작성됩니다. 이러한 혼합된 형식은 이육사의 독특한 스타일을 잘 보여 주는 예입니다.

위 내용으로 확인할 수 있는 내용은 다음과 같다. ChatGPT는 입력된 프롬프트에 대해 이전에 입력된 프롬프트의 내용, 입력된 내용을 바탕으로 추론한 사항(Self Attention), 사전 학습된 데이터 등을 조합해 창의적인 답변을 출력하고 있다. 단계 ② 답변의 경우, "이육사는 어릴 때 한학을 공부했으며"를 통해 전기적 내용 입력 당시에만 입력되었던 이육사의 한학 사사 경험을 기억 · 반영하고 있음이 확인된다.

또, 단계 ②에서 입력된 정보가 이육사의 모든 작품이 아니라 이육사 시의 형식과 형식에 따른 분류표, 그리고 대표작 일부라는 것을 고려할 때 단계 ②에서 확인할 수 있는 "한시는 고전 중국 시인들의 작품에 영감을 받은 시 형식으로, 강렬한 이미지와 직접적인 감정 표현을 특징으로 합니다"와 "시조는 전통적인 한국의 시 형식으로, 담백하고 간결한 언어와 일상적인 주제를 특징으로 합니다"라는 답변은 ChatGPT에 사전 학습된 한시와 시조에 대한 정보에서 비롯된 것이라 추론해 볼 수 있다.

그러나 단계 ③은 앞서 입력했던 내용들과 모순되거나 사실이 아닌 내용이 포함되어 있음을 확인할 수 있다. 단계 ②와 단계 ③에서 직접적으로 모순되는 내용과 잘못된 내용을 정리하면 다음과 같다.

(1) 모순되는 내용

단계 ② "이육사의 이러한 시들은 그의 깊은 감정과 생각을 풍부하게 표현하며, 그의 시적 세계를 독특하게 만듭니다."

단계 ③ "이러한 형식의 시에서는 한시의 경우 일정한 평가율(平仄律)에 따라서 음절의 톤을 맞추는 등의 기법을 활용하며"

(2) 잘못된 내용

단계 ③ "시조의 경우 '가'(上)와 '오'(下) 두 부분으로 나뉘어 '가' 부분은 3행 14음절, '오' 부분은 4행 14음절로 구성되는 등의 형식을 따릅니다."

분석

이와 같은 모순점과 잘못된 내용이 발생하는 이유는 대화형 인공지능이 갖는 공통적 문제점인 입력(토큰)량 제한으로 추론된다. 현재 GPT-4는 최대 입력 가능한 토큰의 수를 포함한 세부 스펙을 밝히지 않은 까닭에 정확한 최대 입력량을 확인할 수는 없으나, GPT-3의 최대 토큰 입력량인 2048토큰과 비근하거나 조금 더 클 것으로 예상된다. 실제로 단계 ②와 단계 ③ 사이에 입력된 프롬프트는 1만3818자로, 한국어가 1음절 당 2~3토큰인 것을 감안하면 최소 4606 토큰에서 최대 6909 토큰이라고 볼 수 있다. 즉 GPT-4는 이전 모델에 비해 상당히 발전한 초거대 언어 모델이지만, 그럼에도 대화형 인공지능 기술의 추가적인 진보 없이는 인컨텍스트 러닝의 방식을 채용한 대화형 인공지능 교육 방법론 기반의 시 비평 · 창작 AI 구현에 무리가 따른다고 보아야 할 것이다.

그러나 이러한 전망과는 별개로, 인컨텍스트 러닝이

올바르게 기능하고 있는 상황에서 ChatGPT의 문학적 분석 능력은 주목해 보아야 한다. 단계 ② 분석에서 확인했듯 ChatGPT는 입력된 토큰이 유지되는 상황에서는 정보의 종합과 재조합에 있어 매우 뛰어난 성능을 보였다. 이는 이전 GPT 모델에서도 보였던 장점인 셀프 어텐션(Self Attention)을 통한 문맥 파악 능력에 기반한 것으로 보인다.

참고로 본 장에서 이육사 작품 학습을 위해 입력한 작품 종류 구분은 다음과 같다(작품 목록은 이육사, 2008 참고).

1. 한시에 영향을 받은 작품 : 春秋三題, 黃昏, 失題, 海潮詞, 年譜, 小公園, 鴉片, 靑葡萄, 絕頂, 班猫, 日蝕, 西風, 獨白, 子夜曲, 芭蕉, 꽃, 山, 잃어진 故鄕

1-1. 한시 : 謹賀 石庭先生 六旬, 晩登東山, 酒暖興餘

2. 시조에 영향을 받은 작품 : 春秋三題. 路程記, 江건너간 노래, 少年에게, 南漢山城, 湖水, 狂人의 太陽, 喬木, 娥眉, 曠野, 나의 뮤―즈, 바다의 마음, 무제(시조)

3. 기타 형식의 작품 : 말, 한 개의 별을 노래하자, 草家, 서울, 邂逅, 畫題, 蝙蝠

참고문헌

김태형·박성준(2023). “ChatGPT를 활용한 AI 시인의 구현(2)-‘AI 이육사’의 생성과 시적 대화의 가능성을 중심으로”, ≪국제언어문학≫ 55, 국제언어문학회.

박성준(2023). “‘AI 이육사’ 실현 가능성에 대한 시론(1)-인공지능과 문학적 담화 기능 구축 사례 제언”, ≪한국문예창작≫ 22(2).

박주택(2011). “이육사 시의 낙원의식 연구”, ≪어문연구≫ 68, 어문연구학회.

이육사(2008). 『원전주해 이육사 시전집』, 박현수 편, 예옥.

05
챗GPT와 소통하기 : 이육사

ChatGPT 등 생성형 인공지능과의 인컨텍스트 러닝(In-context learning)을 활용한 소통 시에 필수적으로 확인해야 하는 사항과 정확한 대답을 유도하기 위한 프롬프트 구축 방안에 대해 실제 사용 예를 바탕으로 논의하고자 한다. 특히 사전 정보가 없는 상태에서 과맥락적 접근을 시도하다 발생하는 혼란(AI 할루시네이션) 현상과, 이를 해소하기 위한 방안에 대해 알아본다.

인공지능과 이육사

다음은 ChatGPT의 문학 분석 텍스트를 확인하기 위해 이육사의 전기 정보 · 형식적 구분과 작품 전문 · 이육사의 개별 작품에 대한 인컨텍스트 러닝을 진행한 상황에서 다양한 프롬프트를 입력한 출력값이다(ChatGPT의 질문 수정 기능을 활용했으며, 각각의 질문은 다른 질문의 답변에 영향을 주지 못하도록 설계했다).

ⓐ

Q. 이육사의 시 세계를 유토피아 개념과 관련해서 설명해 줘.

A. 이육사의 시 세계는 종종 유토피아적인 성격을 지닙니다. 그의 작품은 이상적인 세계를 그리는 동시에 현실의 어려움과 싸우는 투쟁의 과정을 보여 줍니다. (중략) 예를 들어, "청포도(靑葡萄)"에서 이육사는 청포도를 통해 이상적인 세계를 그립니다. 청포도는 신선하고 풍부한 생명력을 상징하며, 그는 이를 통해 자연의 아름다움과 함께 이상적인 세계를 상상합니다. (중략) 이렇게 보면, 이육사의 시는 현실과 이상 사이의 간극을 인식하면서도, 그럼에도 불구하고 이상을 추구하는 유토피아적 성격을 보여 줍니다. 이러한 특징은 그의 시가 독자에게 강한 메시지와 감동을 전달

하게 만듭니다.

ⓑ

Q. 이육사의 시 세계를 시적 공간의 측면에서 설명해 줘.

A. 이육사의 시 세계는 그의 고유한 시적 공간을 만들어 냅니다. 이는 그의 작품이 자연과 사회, 그리고 이 두 가지를 잇는 다리 역할을 하는 인간의 내적 세계를 전환하며 이야기하도록 구성되어 있기 때문입니다. (중략) 이육사의 시는 여러 가지 시적 공간을 독특하게 구성하고, 그 사이를 자유롭게 이동하며 독자에게 강렬하고 다양한 시적 경험을 제공합니다.

ⓒ

Q. 이육사의 시 세계를 이데올로기 측면에서 설명해 줘.

A. 이육사의 시 세계는 그의 개인적인 감성과 국가 독립에 대한 열망이 깊게 얽혀 있습니다. 그의 독립운동가로서의 신념이 그의 작품에 깊게 반영되었습니다. 그는 일본의 조선 침략에 대한 저항의 정신을 강조하며, 조선의 독립을 열망했습니다. 그의 시는 자유와 독립에 대한 그의 열망을 표현하며, 동시에 그의 심리적인 고통과 갈등을 드러냅니다. 그는 자신의 감정을 고백하는 동시에, 국가와 사회에 대한

그의 비판적인 태도를 전달합니다.

대화형 인공지능과의 대화에서 사용자가 필수적으로 확인해야 하는 것은 할루시네이션 현상의 유무다. 할루시네이션 현상은 대화형 인공지능이 맥락을 파악하고 답변을 생성하는 과정에서 사실과는 전혀 다른 내용을 사실인 것처럼 출력하는 현상을 뜻하는데, 특히 트랜스포머 모델의 디코더 출력을 위주로 전개되는 GPT 모델의 고질적인 문제로 지적받는 사항이기도 하다. 그러나 인용문을 볼 때, ChatGPT의 답변은 이육사의 전기적 사실과 실제 작품, 사전 학습된 내용의 이해를 거쳐 출력된 것으로 볼 수 있다[OpenAI는 "GPT-4 Technical Report" 에서 GPT-4의 세부 스펙에 대해서는 함구했으나 할루시네이션 현상 완화를 위한 시스템 카드에 대해서는 자세히 밝히고 있다. 해당 사안이 이용자들에게 있어 GPT 모델에 대한 상당한 성능 이슈로 작용했기 때문으로 보인다(OpenAI, 2022)].

예를 들어 유토피아적 측면에서의 이육사 시 세계 분석을 요구하는 ⓐ에 대해 ChatGPT는 이육사의 작품을 "이상적인 세계를 그리는 동시에 현실의 어려움과 싸우는 투쟁의 과정"으로 이해하며, "청포도(靑葡萄)"와 "절정(絕頂)"에 대한 해석을 제시하고 있다. 흥미롭게도, ChatGPT의 이육사 시 세계에 대한 '유토피아적 측면'의 해석은 실제 관련 연구에서도 유사한 해석을 확인할 수 있었다.

이 시에서 이상향과 관련된 이미지들은 다음과 같이 설명될 수 있다. 우선 "七月"은 고향 상실의 겨울과 대비되는 따뜻하고 밝은 계절로서 행복한 시간 이미지다. 그 다음 나오는 "청포도가 익어가는" 이미지는 무엇보다 이상향 이미지의 기본적 요소가 되는 풍요로움을 뜻하는 내용이다. 실제 풍요는 정의상 모든 사람에게 할당할 수 있는 자원이 풍부하고, 이에 따라 상호간에 배타적인 선택이 있을 수 없으며, 기회가 항상 주어져 있기 때문에 기회비용이란 문제도 있을 수 없으므로 자원할당을 놓고 빚어지는 대립도 존재하지 않는다는 것을 함의한다. 즉 평화가 보장되는 전제가 된다는 점에서 유토피아적 상황의 출발이다(김경복, 2016).

이육사의 시 세계가 일제 치하에서 "상실된 유년의 고향을 회복"하려는 의지와 "미래지향적 의식"을 내포하고 있다는 김경복의 연구는 "청포도"를 풍요에 기반한 사회주의적 유토피아로 정의했다. 이러한 시선에서, "청포도"가 "풍부한 생명력과 이상적인 세계를 상징"하며, "자야곡"을 통해 이육사의 작품이 "고향이 일본에 의해 파괴되었다는 사실"을 내포한다는 ChatGPT의 이육사 작품 분석이 김경복의 연구와 작품 해석의 측면에서 일부 부합한다고 볼 수 있다.

그뿐만 아니라 "현실과 이상 사이의 간극을 인식하면서도, 그럼에도 이상을 추구하는 유토피아적 성격"(ⓐ)은 이육사의 시 세계가 "'미래화된 현실'과 '현실화된 미래'를 희원"하는 "낙원의식"의 발현이었다는 연구(박주택, 2011)와 상통하며, "이육사의 시 세계는 그의 이데올로기와 감정 사이의 복잡한 상호 작용을 나타낸다"(ⓑ)는 언급은 이육사의 "투사적 자질을 그대로 인정"하면서도 독립투사가 아닌 "시인 이육사"를 조명하고자 했던 시도(박성준, 2016)와도 유사한 시작 지점을 갖는다.

분석

본고가 해당 연구를 시작하던 2023년 8월을 기준으로 ChatGPT에 이육사에 대한 정보가 전혀 없었음을 고려할 때, 앞서 언급된 기존 이육사 연구가 ChatGPT에 사전 학습되었을 확률은 거의 없을 것으로 보인다. 또 ChatGPT의 분석이 상당히 수준이 높거나 예상치 못한

맹점을 지적하는 놀라운 결과물이라고 보기도 어렵다. 그러나 기존 연구가 지적하고 있는 해석의 측면이나 시 세계 분석의 측면에서 ChatGPT가 낮은 단계에서나마 유사한 문제의식이나 시선을 제시하고 있다는 것은 분명하다.

그러나 인용하지 않은 부분 "외부 세계의 경험과 현상은 그의 내적인 세계와 결합하여 강력한 시적 이미지와 메타포를 만들어 냅니다"라든가, "하늘, 바다, 겨울 등도 시의 공간을 이루는 요소로 사용되어, 독자에게 시적 경험을 제공"한다, "여러 가지 시적 공간을 독특하게 구성하고, 그 사이를 자유롭게 이동하며 독자에게 강렬하고 다양한 시적 경험을 제공"한다는 등등의 출력에서는 정확히 어떤 개별 시 텍스트와 구절을 경유한 것인지 해명되지 않는 상황이다. 예컨대 "설성"에서 '강철로 된 무지개'와 같은 메타포나 역설적 구문을 명확히 해석해 낼 수 있는가, 여전히 의문을 가질 수밖에 없다. 그동안 문학교육 현장 주류에서 김용직은 이 구문을 '비극적 황홀'로 해석했고, 홍용희(2010)는 '금강심'으로 해석했으며, 박성준(2016)은 더 나아가 '다이아몬드'에 빛이 투과되었을 때 프리즘이 뜬 현상을 강철로 된 무지개로 해석하고, 사회주의 이상 국가를 건설하고자 했던 이육사의 굳은 결의를 "절정"에서 읽어 내기도 했다. 즉 비평적 차원까지 사전 학습을 수행한 ChatGPT에게 기대하기란 아직은 역부족이라는 점이 드러난 것이다.

정리하자면 토큰 및 사전 학습 등 문제가 선결될 경우 ChatGPT는 인간을 상대로 교양 수준의 문학적 대화를 할 수 있을 정도로 충분한 문장 생성 능력과 문학 분석 능력을 갖추고 있으며, 이는 GPT-4의 뛰어난 문맥 파악 능력에서 비롯한다. 다만 위의 문제가 해결되지 못할 경우 GPT-4의 성능에도 불구하고 해당 플랫폼을 장기적인 교육 · 창작 모델로 활용하기는 요원할 것이라 판단된다.

참고문헌

김경복(2016). "이육사 시의 유토피아 의식 연구", ≪한국문학논총≫ 74, 한국문학회.

김태형·박성준(2023). "ChatGPT를 활용한 AI 시인의 구현(2)-'AI 이육사'의 생성과 시적 대화의 가능성을 중심으로", ≪국제언어문학≫ 55, 국제언어문학회.

박성준(2016). "이육사 시에 나타나는 낭만성과 '다른 공간'들", ≪한국문예창작≫ 15(1), 한국문예창작학회.

박성준(2023). "'AI 이육사' 실현 가능성에 대한 시론(1)-인공지능과 문학적 담화 기능 구축 사례 제언", ≪한국문예창작≫ 22(2), 한국문예창작학회.

박주택(2011). "이육사 시의 낙원의식 연구", ≪어문연구≫ 68, 어문연구학회.

이육사(2008). 『원전주해 이육사 시전집』, 박현수 편, 예옥.
홍용희(2010). “거경궁리(居敬窮理)의 정신과 예언자적 지성-이육사론”, ≪한국문학연구≫ 38, 동국대학교 한국문학연구소.
Open AI(2023.3.27). “GPT-4 Technical Report”, arXiv, Cornell University, https://doi.org/10.48550/arXiv.2303.08774

06
인컨텍스트 러닝을 통한 수사 교육 설계

ChatGPT의 "시적 대화 가능성"을 바탕으로 그 지점에서 발생하는 의문점을 해명하는 것을 목표로 한다. 다시 말하자면, ChatGPT를 통한 시적 대화의 가능성은 확인했으나 이것이 시를 구성하고 있는 수사에 대한 이해(혹은 그렇게 볼 수 있는 가능성)를 내포하고 있는가에 대한 의문점을 해소하고자 하는 것이다. 이는 인컨텍스트 러닝을 통한 수사 교육의 방법을 설계함으로서 확인할 수 있다.

인공지능 수사 교육

인공지능은 작품을 읽고 수사적 맥락을 이해할 수 있는가? 사전적 의미의 메타포가 아닌 실제 작품에서의 메타포를 분석할 수 있는가? 상징이나 반어, 역설과 알레고리를 독해할 수 있는 능력을 갖췄는가? 만약 가능하다면 그것은 어느 정도의 사전 정보를 필요로 하는가? 시대적 알레고리 분석을 위해 전혀 알지 못하는 시인의 전기적 사실이나 인간에 의한 작품 분석을 입력해야만 하는가?

시를 해석하는 데 있어, 수사법은 결코 배제할 수 없는 요소다. 특히 시의 미적 기준 준거를 논할 때 수사법 개념을 배제하기란 어려울 뿐만 아니라, 그 해석을 쉽게 신뢰하기도 어려울 것이다. 이는 ChatGPT 등 대화형 인공지능의 문학적 분석이 최소한의 범용성을 획득하기 위해 시적 수사법을 이해하고 있어야 한다는 당위가 되기도 한다. 그 때문에 해당 논의를 위한 ChatGPT의 기능 확인은 다음과 같은 방식으로 진행한다.

㉠ 시적 수사법(은유 · 환유 · 제유 · 상징 · 알레고리)에 대한 사전 학습 여부 확인

㉡ 시적 수사를 포함한 작품 창작 능력 검증

㉢ 시적 수사를 포함한 텍스트 해석 능력 검증

(단, ㉡단계에서 창작 능력이 검증된 분야는 제외한다.)
㉣『동물시집』 구문을 통한 수사법 예시 구문 교육
㉤ 교육이 적용된 세션을 대상으로 ㉡, ㉢ 단계 재실시

ChatGPT의 사전 학습 모델링과 관련된 자료는 공개되어 있지 않으므로, 시적 수사법에 대한 지식 확인이 우선 이루어져야 할 것이다. 또, 만약 사전 학습이 되어 있다면, 해당 개념이 적용된 작품 창작과 별도로 준비한 예시 작품을 입력하여 실제 수사법을 활용해 텍스트 분석이 가능한 수준의 학습량인지 확인할 필요도 있다. 이는 ChatGPT에 사전 학습된 내용이 단순 사전적 지식인지, 아니면 실제 적용 가능한 수준인지 판단한다는 준거점이 된다. ChatGPT에 모델링된 사전 정보가 창작에서 실제적으로 적용될 수 있는지 점검하기 위함이다.

상기 점검 결과 사전 교육이 되어 있지 않을 경우, 세 단계(①메타포 ②상징 ③알레고리)에 걸쳐 교육을 진행해야 할 것이다. 교육은 해당 개념 입력 및 관련 시 구문 입력으로 진행되며, 이러한 단계로 진행하는 이유는 메타포의 경우 원관념과 보조관념이 모두 제시되어 학습과 적용이 용이할 것으로 판단되지만, 알레고리나 상징은 원관념을 직접적으로 제시할 수 없고, 시대적 상황 입

력이나 모범 답안 등을 추가로 입력할 필요성이 있기 때문이다. 물론 본고에서 주목하는 점은 상징과 알레고리의 맥락이다.

상징에 대해 가장 일반적으로 알려진 특징은 원관념이 생략된 채 언술된다는 것인데, 이는 상징이 은유의 비교 가능성에서 출현해 "심리적 연상 작용"에 기반한 수사법이기에 "콘텍스트 상의 구체적인 연관성 없이 독자적으로 고유한 상징성을 충분히 확보"(전창배, 2015)할 수 있기 때문이다. 또, 원관념의 직접적인 제시가 없고 맥락을 통한 다양한 연상을 유도할 수 있다는 점에서 상징은 종교 · 예술 · 일상 등 곳곳에서 범용적으로 쓰인다는 특징 또한 확인할 수 있다. 그야말로 "정신적이고 초월적인 비의의 재현"(김진희, 2010)인 것이다.

그렇다면 알레고리와 상징은 어떤 차이를 갖는가? 상징이 "명확한 결론도, 완벽한 정확성도 갖지 않"는(김준오, 1982) 반면 알레고리는 표면과 이면의 서사가 1:1로 맞아떨어진다는 특징을 갖는다. 이는 다시 말해 알레고리가 단순성을 지닌 수사이며, 알레고리적 반응은 문학에서 "반응의 단순화"이고 곧 "반응의 경직성"을(김준오, 1982) 불러일으킨다는 의미를 지닌다. 상징이 비교 가능성에서 출발해 체계성의 층위로 확산했다면, 알레고리는 체계성의 층위를 포기하고 단편적인 비교 가능성에 머무르는 수사법인 것이다. 이 때문에 알레고리는 상징의 하위분류 혹은 더 열등한 방식으로 평가받는 경우가 잦다.

그러나 다시금 알레고리는 기존의 질서를 역동적 에너지로 파괴하고, 대립하는 현실을 묘사하는 수사적 도구이기도 하다. 상징이 연상을 바탕으로 구조적 제한 없이 높은 확장력을 보인다면, 알레고리는 우화나 교훈 등의 "제한된 틀 속에서 알레고리의 요소를 강제"(전창배, 2015)한다. 이를 통해 알레고리는 현실태와 1:1로 대응하며 모순과 역경을 고발하는 시도로서 효용되기도 하는 것이다.

검증

계획한 것과 같이, ChatGPT의 시적 수사법 이해 능력 검증을 위해 ㉠사전 학습 여부 확인을 선행했다. 이 과정에서 입력된 프롬프트는 다음과 같다.

ⓐ Metaphor에 대해 설명해 줘.

ⓑ Synecdoche에 대해 설명해 줘.

ⓒ Metonymy에 대해 설명해 줘.

ⓓ 시에서 쓰이는 Symbol에 대해 설명해 줘.

ⓔ Allegory에 대해 설명해 줘.

확인 결과 ChatGPT는 해당 내용에 대해 사전 학습 모델링이 되어 있었고, 사전적인 내용 및 간단한 예시를 제시하는 수준의 답변을 출력할 수 있다는 사실이 확인되었다. 특히 제유(Synecdoche)에 대한 답변에서는 "특정 부분이 전체를 대표하거나, 전체가 특정 부분을 대표하는 것을 말합니다"라는 설명과 함께 다음과 같은 구체화와 일반화에 관한 명확한 사례를 예로 들고 있어 해당 개념에 대한 확연한 이해가 있다는 사실을 확인했다.

예를 들어, "백 머리들이 모였다"라는 표현에서 "백 머리들"이 전체 사람들을 대표하고 있습니다. 여기서 "백 머리들"은 각각의 사람을 의미하는 것이 아니라, 모든 사람들을 통틀어 의미하게 됩니다. 또 다른 예로는 "세계가 그를 기다린다"라는 문장에서 "세계"가 모든 사람들을 의미하며, 이는 전체가 일부를 대표하는 예입니다.

그러나 비유의 경우 원관념과 보조관념이 확연히 명시되며, 그 때문에 이들의 관계가 명확할 수밖에 없다는 것은 계획 단계에서도 주지한 바 있는 사실이었으므로, 본고가 해당 단계에서 중점을 두고 확인한 부분은 상징과 알레고리에 대한 답변이었다. 무엇보다 상징과 알레고리는 원관념의 부재라는 공통점을 가지고 있으나 사실상 대척 관계에 놓여 있다고 보아야 하므로, 이에 대한 비교가 명확히 이루어지고 있는가는 이후 단계를 진행하기에 앞서 꼭 확인해야만 하는 사안이었다. 먼저, 앞서 질문했던 "시에서 쓰이는 Symbol에 대해 설명해 줘"와 "Allegory에 대해 설명해 줘"에 대한 답변은 각각 다음과 같았다.

Q1. 시에서 쓰이는 Symbol에 대해 설명해 줘.

A1. 시문학에서 상징은 일반적인 사물이나 행위를 넘어서 복잡한 개념이나 감정을 표현하는 도구입니다. 전통적인 상징은 문화적, 종교적, 사회적 맥락에서 널리 인정받는 의미를 가지며, 개인적인 상징은 작가의 독특한 시각이나 경험을 표현합니다. 예를 들어, 전통적인 입장에서 '비둘기'는 평화를, 에드거 앨런 포의 '까마귀'는 일반적인 새를 가리키는 것이 아닌 죽음이나 절망을 상징합니다. 상징은 시의 깊은 층위의 의미를 독자에게 전달하는 데 중요한 역할을 합니다. (후략)

Q2. Allegory에 대해 설명해 줘.

A2. 풍유(Allegory)는 이야기나 그림 등이 내포하는, 보통 도덕적이나 정치적인 교훈이나 진실을 전달하는 표현 수사법입니다. 풍유는 종종 복잡한 아이디어나 추상적인 개념을 이해하기 쉽게 표현하는 데 사용되며, 문자 그대로의 의미를 넘어서는 하나 이상의 상징적인 의미를 가집니다. 예를 들어, 조지 오웰의 "동물농장"은 일반적으로 볼 때 동물들이 인간들을 물리치고 스스로 농장을 운영하는 이야기입니다. 그러나 이 작품은 사실 소련의 공산주의 체제를 풍자하고 비판하는 풍유적인 이야기입니다. 여기서 동물들은 공산주의 혁명의 주요 인물들을 상징하며, 농장은 소련을 상징합니다. (후략)

A1에서 확인할 수 있듯 ChatGPT의 답변에서 언급되는 것은 원형 상징(전통적인 상징)과 개인적 상징에 관한 내용이다. 원형 상징에서 "문화적, 종교적, 사회적 맥락에서 널리 인정받는"다는 설명은 원형 상징이 "역사나 문학, 종교, 풍습 등에서 수없이 되풀이된 이미지나 화소(motif)나 테마"라는 이해(김준오, 1982)와 궤를 같이하며, 이는 "비둘기"를 통한 예시로 이어진다. 또, 에드거 앨런 포의 "까마귀"를 예시로 들며 설명한 개인적 상징

은 "개별 작가가 자기 작품 세계 내에서 특정 표상에 부여한 상징"(권혁웅, 2017)이라는 찰스 휠러의 입장과 상통한다.

한편 A2은 알레고리에 대한 답변으로, 서사와 도덕·교훈이 1:1 구조로 결합하는 알레고리의 특성을 설명하고 있다. "보통 도덕적이나 정치적인 교훈이나 진실을 전달"한다는 설명은 "모순과 역설을 통해 깨달음에 도달하게 한"(전창배, 2015)다는 알레고리의 개념과 맞닿는다. 예시로 든 『동물농장』도 선행된 알레고리 설명에 정합하는 사례로 볼 수 있으므로, 은유·환유·제유·상징·알레고리의 사전 학습이 올바르게 모델링되어 있음을 확인할 수 있었다.

참고문헌

권혁웅(2017). 『환유』, 모악.

김진희(2010). "시와 상징", 『현대시론』, 서정시학.

김준오(1982). 『시론』, 일지사.

김태형(2023). "인컨텍스트 러닝을 통한 ChatGPT의 시적 표현 해석 가능성 연구 – 윤곤강 『동물시집』에 나타난 우화시를 중심으로", ≪리터러시연구≫ 14(4), 한국리터러시학회.

김태형·박성준(2023). "ChatGPT를 활용한 AI 시인의 구현(2)–'AI 이육사'의 생성과 시적 대화의 가능성을 중심으로", ≪국제언어문학≫ 55, 국제언어문학회.

전창배(2015). "알레고리와 상징", ≪비교문학≫ 67, 한국비교문학회.

07
챗GPT의 시적 수사 재현 : 비유, 환유, 풍유

수사(비유법)에 대한 사전 교육이 되어 있는 ChatGPT를 대상으로 추가적인 인컨텍스트 러닝(In-context Learning)을 진행하지 않은 상태에서의 시적 수사 재현 능력을 확인하고자 한다. 특히 은유, 제유, 풍유를 연계하며 외적 기능을 시사하는 비유로서 기능하는 환유가 재현될 수 있는가에 대해 확인함으로서 인공지능에 의한 시적 재현 · 대화 가능성을 예측할 수 있으리라고 본다.

은유, 제유, 풍유

본 장에서는 수사(비유법)에 대한 사전 교육이 되어 있는 ChatGPT를 대상으로 추가적인 인컨텍스트 러닝(In-context learning)을 진행하지 않은 상태에서의 시적 수사 재현 능력을 확인하고자 한다. 특히 은유, 제유, 풍유를 연계하며 외적 기능을 시사하는 비유로서 기능하는 환유가 재현될 수 있는가에 대해 확인함으로서 인공지능에 의한 시적 재현 · 대화 가능성을 예측할 수 있으리라고 본다. 또한 시적 수사를 재현하는 데 있어 ChatGPT가 인컨텍스트 러닝 없이 출력이 가능한 수준과 불가능한 수준을 확인하고, 인컨텍스트 러닝을 위한 학습 자료 구성에 필요한 내용을 파악하는 과정이라고 할 수 있다.

ChatGPT가 시적 수사법에 대한 사전 학습을 거쳤다는 것은 은유 · 제유 · 환유 · 상징 · 알레고리에 대한 질문을 통해 확인할 수 있었다. 이에 따라 ChatGPT의 시적 수사 교육 단계 중 "시적 수사를 포함한 작품 창작 능력"을 확인했다. 이번 단계에서 입력된 프롬프트와 이에 따라 출력된 결과물을 정리하면 다음과 같다.

1) 입력된 프롬프트

ⓐ Metaphor가 적용된 구문을 포함한 시를 창작해 줘.

ⓑ Synecdoche이 적용된 구문을 포함한 시를 창작해 줘.

ⓒ Metonymy가 적용된 구문을 포함한 시를 창작해 줘.

2) 출력된 결과물

ⓓ 은유

우리 모두는 별의 먼지, 우주의 노래,
삶의 바다에서 헤엄치는 꿈의 배.

ⓔ 제유

백금의 왕관이 무거워도,
군주는 자신의 국민들을 위해 지고 있네.

ⓕ 환유

금의 심장이 차가워도,
인류의 미래를 위해 무한히 두드리고 있어.

ⓓ~ⓕ는 각각의 요청에 대해 ChatGPT가 출력한 답변이다. 예문에서 확인할 수 있듯 ⓓ는 원관념 "우리 모두/삶/꿈"과 보조관념 "별의 먼지/우주의 노래/바다/배"가 서로 대응하는 은유의 구조를 활용한 구문임을 확인할 수 있다. 미학적인 입장에서 볼 때 해당 구문이 관습적 표현에 잠식된 "죽은 은유"를 벗어났다고 칭하기는

어려울 것이나, 문맥적인 방향성으로 이해할 때 해당 구문은 ChatGPT에 의해 은유로서 창작된 것이라 볼 수 있을 것이다.

마찬가지로 ⓔ는 지도자의 일부분인 "왕관"을 통해 지도자를 제유하는 구문이며, ⓕ의 "금의 심장"은 ChatGPT의 자체적인 해석을 경유하여 볼 때 "금융 중심지나 금융 시스템을 의미"한다는 의도로서의 환유 구문으로 이해할 수 있다. 이들 역시 미학적 시선에서 볼 때 재기 넘치거나 날카로운 현실 비판 의식에서 벼려진 구문이라고 보기는 어려운 부분이 있으나, 앞서 ChatGPT가 답변한 각 비유의 방법론에서 크게 벗어나지 않았다는 것만큼은 명징하다.

분석

즉, 창작을 요청하고 출력하는 과정에서 확인할 수 있었던 것은 원관념과 보조관념이 뚜렷한 비유 계열의 창작에 있어서는 (미학적 관점에서 보면 문제가 있음에도 불구하고) ChatGPT가 사전 학습된 정보를 바탕으로 적절한 예문을 창작할 수 있다는 사실이었다. 이는 ChatGPT가 은유 · 제유 · 환유를 재현하는 데 있어서는 추가적인 정보 입력 없이도 교양적 측면에서 납득할 수 있는 수준의 출력물을 생성할 수 있다는 것을 의미하므로, 이후 ChatGPT의 수사 재현 능력 검증을 위한 단계에서는 은유 · 제유 · 환유에 대한 교육이나 추가적인 정보 입력이 필요하지 않음을 확인할 수 있었다.

본고가 이 과정을 통해 확인하고자 한 내용은 ChatGPT가 사전 학습 모델링 단계에서 시적 수사법에 대해 교육받은 내용이 존재하는지, 존재한다면 어느 정도까지 자세하게 인지되어 있는지의 여부였다. 이를 위해 5단계의 과정(㉠ 시적 수사법(은유 · 환유 · 제유 · 상징 · 알레고리)에 대한 사전 학습 여부 확인 ㉡ 시적 수사를 포함한 작품 창작 능력 검증 ㉢ 시적 수사를 포함한 텍스트 해석 능력 검증 ㉣『동물시집』 구문을 통한 수사법 예시 구문 교육 ㉤ 교육이 적용된 세션을 대상으로 ㉡, ㉢ 단계 재실시)을 설계했는데, 본 장에서는 ㉡ 단계에서의 은유 · 환유 · 제유에 대한 창작 능력 검증을 통해 ChatGPT가 해당 시적 수사를 재현할 수 있다는 것을 확인했다.

때문에 상술한 5단계의 검증 중 ㉢~㉤ 단계에서는 은유 · 환유 · 제유를 배제하고 진행할 것이며, 차후 연구를 통해 상징과 알레고리를 시적 수사로서 재현할 수 있는가를 확인해 초거대 언어 모델 기반 대화형 인공지능 ChatGPT가 "사전 교육되지 않은 사항에 대해 프롬프트 입력을 통한 인컨텍스 러닝만으로 시적 수사를 재현할 수 있는가?"라는 의문을 해소하고자 한다.

물론 ChatGPT의 상세한 사전 학습 모델이나 말뭉치 언어 모델 등이 명확히 밝혀지지는 않았으며 지속적으로 업데이트되고 있다는 점 등을 고려하면 대화형 인공지능이 미적 · 수사적 · 재현적 측면에서 보여줄 수 있는 성능을 모두 검증한다는 것은 어려운 일이다. 그러나 지금 이 시대가 인류사의 그 어느 때보다 인공지능과 인류가 가까운 지점에 놓여 있는 시기이며, 점차 일반인의 수준에서도 간단히 접근할 수 있는 편의성을 획득하고 있다는 것을 고려하면 대화형 인공지능의 활용 방안을 고려하는 것은 피할 수 없는 선택이라고 할 수 있다.

참고문헌

권혁웅(2017). 『환유』, 모악.

김진희(2010). "시와 상징", 『현대시론』, 서정시학.

김준오(1982). 『시론』, 일지사.

김태형(2023). "인컨텍스트 러닝을 통한 ChatGPT의 시적 표현 해석 가능성 연구－윤곤강 『동물시집』에 나타난 우화시를 중심으로", ≪리터러시연구≫ 14(4), 한국리터러시학회.

김태형·박성준(2023). "ChatGPT를 활용한 AI 시인의 구현(2)－'AI 이육사'의 생성과 시적 대화의 가능성을 중심으로", ≪국제언어문학≫ 55, 국제언어문학회.

Stuart Russell(1995). Artificial Intelligence : A Moder Approach, 류광 역(2021), 인공지능 1, 제이펍.

08

챗GPT의 시적 수사 재현 : 상징, 알레고리

ChatGPT는 은유 · 제유 · 환유의 개념을 명확히 인지하고 이에 대한 재현 역시 문제없이 생성하는 모습을 보였다. 이에 본 장에서는 ChatGPT가 시에서의 상징과 알레고리를 명확히 이해하고 있는지, 또 이를 문제없이 재현할 수 있는지에 대해 확인한다.

상징, 알레고리

ChatGPT는 은유 · 제유 · 환유의 개념을 명확히 인지하고 이에 대한 재현 역시 문제없이 생성하는 모습을 보였다. 이에 본 장에서는 ChatGPT가 시에서의 상징과 알레고리를 명확히 이해하고 있는지, 또 이를 문제없이 재현할 수 있는지에 대해 확인한다. 생성형 인공지능이 상징과 알레고리를 명확하게 재현할 수 없다면, 시적 수사에 대한 해석 능력 검증 단계를 거친 후 상징과 알레고리 개념에 대한 인컨텍스트 러닝(In-context Learning)을 진행한 후 실제 구문 교육을 진행할 예정이다.

ChatGPT는 상징과 알레고리에 대한 사전적 정의에 대한 답변을 생성할 수 있었으며, 설명을 뒷받침할 수 있는 실제 작품을 제시하는 것 또한 가능했다. 그렇다면 상징과 알레고리를 실제 시 구문으로 재현하는 것 또한 가능한가? 다음은 상징과 알레고리를 활용한 시 구문을 생성해 달라는 요청에 대한 ChatGPT의 출력물이다.

1) 입력된 프롬프트

ⓐ 시에서 쓰이는 Symbol이 적용된 구문을 포함한 시를 창작해 줘.

ⓑ Allegory가 적용된 구문을 포함한 시를 창작해 줘.

2) 출력된 결과물

ⓒ 상징

계절이 변하는 것은 시간의 흐름을 상징하고,
나무의 성장은 우리의 발전을 보여 주네.

ⓓ 알레고리

바람이 불어오는 숲에서, 나무들이 속삭였네,
그들의 말은 우리 인간의 삶을 반영했네.//
우리 모두는 숲속의 나무와 같아,

ⓒ와 ⓓ를 볼 때, 해당 구문이 ChatGPT가 설명했던 상징과 알레고리가 재현된 결과물이라고 보기는 어렵다. ⓒ의 경우 "계절이 변하는 것"이 상징하는 것은 "시간의 흐름"으로, 시 내부의 구문에서 직접적으로 설명될 이유가 없는 사항이다. 이 구문에 대한 ChatGPT의 설명을 경유하더라도 "'계절의 변화'는 시간의 흐름을 상징"한다고 정리되어 있어 '설명되어야 할' 구문의 내용과 '설명을 해야 할' 해석의 내용이 동일하다는 오류가 발생하는 것이다.

ⓓ 역시 알레고리를 적용하는 중에 알레고리라는 내용을 스스로 발언하고 있는 것이 확인된다. 해당 구문의

전체 내용은 나무들이 서로 대화를 나누며 인간이 본받을 수 있는 미덕을 그려낸다는 서사로 구성되어 있는데, "그들의 말은 우리 인간의 삶을 반영했네"나 "우리 모두는 (…) 알레고리의 주인공"이라는 구절로 인해 알레고리적 교훈 구조가 동력을 잃고 기능하지 못하게 되었다. 즉, ChatGPT가 상징이나 알레고리의 사전적 의미를 설명하고 사전에 학습된 작품과 연관을 지어 예시로 들 수는 있으나, 그것이 실제 창작에 반영되는 구조를 파악하지는 못했다는 가설을 생각해 볼 수 있다.

즉 ChatGPT는 은유 · 제유 · 환유 등의 재현은 추가적인 교육 없이도 가능하지만, 상징과 알레고리는 기존 사전 학습 정보만으로 재현하기가 어렵다는 사실이 확인할 수 있다. 때문에 상징 · 알레고리 구문 교육에 앞서 "시적 수사를 포함한 텍스트 해석 능력 검증" 단계를 진행해, 모델링된 학습 요소만으로 주어진 구문을 해석할 수 있는가에 대해 확인했다.

ⓔ 김기택, "사무원"(1999)

이 시는 현대 사회에서 무리한 노동과 일상의 무미건조함을 묘사하며, 상징과 알레고리를 통해 깊은 통찰을 제공합니다.

상징(Symbolism)의 관점에서 분석해 보자면 :

'의자' : 이 시에서 의자는 현대 사회의 끊임없는 노동과 그에 따른 고립을 상징합니다. 시인은 의자에 "붙박여" 있는 주인공을 통해 현대인이 일상적인 노동에 얼마나 매몰되어 있는지를 보여 줍니다.

알레고리(Allegory)의 관점에서 분석해 보자면 :

시 전체는 하나의 알레고리입니다. 이 시는 한 사람의 일상을 통해 현대 사회에서의 무리한 노동과 무미건조한 삶, 그리고 그에 따른 희생과 변화를 그립니다. 주인공의 일상은 현대 사회에서 삶의 본질이 어떻게 변질되고 있는지를 보여 주는 알레고리입니다.

특히, "의자 고행에만 더욱 용맹정진했다"는 문장은 알레고리의 핵심입니다. 이는 노동에 집중하고 일상을 희생하는 현대인의 삶을 보여 주며, 사회의 이러한 흐름이 개인의 삶과 신체에 어떻게 영향을 미치는지를 보여 줍니다.

ⓕ 이성복, "그 날"(1980)

이 시는 일상과 인간의 본질, 그리고 사회의 모순에 대해 다루고 있습니다. 이러한 테마들은 상징과 알레고리를 통해 표현되어 있습니다.

상징(Symbolism)의 관점에서 분석해 보면 :

'일곱시 기차', '학교로 가는 여동생', '부어올라진 어머니의 다리', '신문사에서 일하는 시인' 등은 일상의 모습을 상징합니다. 이러한 일상의 상징들은 한편으로는 삶의 일상성과 무의미함을 보여 주며, 다른 한편으로는 사람들이 사회에서 갖는 역할과 그 역할을 수행하면서 겪는 힘든 점을 보여 주고 있습니다.

알레고리(Allegory)의 관점에서 분석해 보면 :

'태연한 나무들 위로 날아 오르는 것이 모두 새가 아님', '잔디밭 잡초 뽑는 여인들이 자기 삶까지 솎아내는 것', '집 허무는 사내들이 자기 하늘까지 무너뜨리는 것' 등의 구절은, 사회의 부조리와 인간의 고통을 알레고리적으로 나타냅니다. 이는 사회와 인간이 서로에게 끼치는 영향과 그 결과에 대해 깊이 있는 통찰을 제공합니다.

시의 마지막 부분 '모두 병들었는데 아무도 아프지 않았다'는 구절은 사회적인 가면과 가식, 인간의 내면의 고통과 외면에 대한 알레고리입니다. 이 구절은 모든 사람이 어떠한 형태의 '병'을 가지고 있음을 말하면서도, 그 '병'을 부정하거나 감추려는 사회의 모습을 비판적으로 드러냅니다.

ⓖ 기형도, "전문가"(1991)

이 시는 상징과 알레고리를 통해 변화, 학습, 이해, 그리고 공동체의 힘에 대한 주제를 다루고 있습니다.

상징(Symbolism)의 관점에서 분석해 보면 :

'유리 담장' : 이 시에서 '유리 담장'은 취약성과 변화의 상징입니다. 유리는 깨지기 쉬운 소재이며, 그 취약성은 주인공이 그의 새로운 환경에서 발생하는 변화와 시행착오를 수용함을 상징하고 있습니다. 또한, 유리는 투명하므로 주인공이 자신의 삶을 오픈하고 주변과의 상호작용을 통해 학습하고 적응하는 것을 상징하고 있습니다.

'아이들' : 아이들은 학습과 성장의 상징입니다. 그들은 실수를 하고, 대처하는 방법을 배우며, 공동체의 일원으로서의 역할을 이해합니다.

알레고리(Allegory)의 관점에서 분석해 보면 :

시 전체는 주인공과 아이들의 관계를 통해 사회의 일원으로서 적응하고 성장하는 과정을 알레고리적으로 묘사하고 있습니다. 유리 담장을 통해, 주인공은 아이들에게 존중과 이해의 중요성을 가르칩니다. 반면, 아이들은 유리 담장을 깨뜨리고 다시 수리하는 과정을 통해 책임과 공동체의 일원으로서의 역할에 대해 배웁니다. 이는 공동체의 중요성과 공동체를 이해하고 존중하는 것이 얼마나 중요한지를 알레고리적으로 보여 주는 부분입니다. 이를 통해 우리는 변화를 받아들이고 그에 적응하는 능력의 중요성을 깨닫게 됩니다.

ⓔ는 김기택의 "사무원"에 대한 상징 및 알레고리적 해석이다. 작품에서 "사무원"은 자본주의 체계가 강요하는 효율의 논리 아래 비인격적 물성을 획득하며, 결국 "혹독한 외부 압력에 의한 것이 아니라 자신을 스스로 규율"(여태천, 2021)하는 존재로 거듭난다. 이에 따라 ⓔ는 "의자"라는 시어를 "현대 사회의 끊임없는 노동"과 "그에 따른 고립"의 상징으로 해석하며, "30년간의 장좌불립"과 같은 고행을 통해 의자와 구분되지 않는 사무원의 "다리"가 자본주의 체제 하의 노동이 인간에게 끼치는 영향의 상징임을 밝히고 있다. 또, 알레고리의 관점에서 무리한 노동에 의한 인간의 희생을 언급하며 현대 사회가 개인에게 끼치는 영향을 분석하는 것 또한 확인할 수 있다. ⓔ에서, ChatGPT의 "사무원" 해석은 상징 · 알레고리 분석에 있어 교양적 측면에서는 충분한 수준에 도달한 것으로 보인다. 이는 별다른 추가 교육 없이도 ChatGPT의 작품에 대한 상징 및 알레고리적 해석이 가능하다는 긍정적 시선을 갖게 할 수도 있겠으나, 이후 인용한 ⓕ, ⓖ는 ChatGPT의 상징 · 알레고리적 해석에 한계가 있다는 것을 드러내고 있다.

우선 ⓕ는 이성복의 "그 날"에 대한 상징 · 알레고리적 분석이다. 일반적으로 이성복의 초기 작품은 한국 시사에서 "탈심미화의 과정에서 세계 환멸의 의식을 표출"(안지영, 2016)하는 알레고리 구조를 갖추었다는 평가를 받는다. 이러한 알레고리적 분석의 기저에는 "동족이 동족을, 우리가 우리를 죽였"(권혁웅, 2009)던 1980년대의 "조악한 현실에서 영원한 아름다움"을 찾아내어 "자기 시대의 아름다움을 창조"(박판식, 2002)하려 했던 이성복과 한국 현실에 대한 개인적 · 시대적 이해가 선행되고 있다. 그러나 ⓕ에서는 (사전에 학습된 바가 없을 것이므로) 시대상에 대한 알레고리적 해석이 부재하며, 그런 까닭에 이성복 시가 구축한 알레고리 구조에 대한 명확한 이해가 불가능했다. 이 점은 "상징과 알레고리적 측면에서 분석해 줘"라는 요청문 대신 "이 시를 수사법적 관점에서 분석해 줘"라는 요청문을 입력할 때 더욱 명징해지는데, ChatGPT는 은유, 이미지화, 아이러니 등의 부분적 해석을 시도하며 "사회적인 문제나 부조리를 인식하지 못하는" 묘사에 대해 언급했을 뿐 작품이 갖는 알레고리적 측면에 대해서는 어떤 분석도 시도하지 못했다.

마지막 인용문 ⓖ 역시 ChatGPT의 상징 · 알레고리 해석 능력이 뛰어나지 않다는 것을 나타내고 있다. ⓕ에서 작품 분석에 실패했던 이유가 사전 학습 모델링 부재에 있었다면 ⓖ의 실패 이유는 작품 자체에 대한 완전한 오독에 있다는 점에서 더 심각하다고 할 수 있다. 기형도의 "전문가" 서사는 "반복되는 '죄의 사함'"으로 인해 점차 "그"에게 감화되고 길들여지는 아이들이 등장하는 "유리 담장이 있는 골목"을 통해 "희망과 좌절을 학습"(김솔, 2017)하는 공간의 알레고리를 구성한다. 이는 기형도가 80년대를 살아가며 "무겁고 커다란 사회적 타자와 맞부딪치며 괴로워한 흔적"(송종원, 2018)이며, "어둠에 지배된 가련한 사람들"에 대한 "연민 윤리의 시적 실천"(이지원, 2020)이기도 하다. 그러나 ⓖ는 해당 서사에 대해 아이들이 "책임과 공동체의 일원으로서의 역할을 배우"는 공간으로 해석해, 작품의 맥락을 완전히 오독하고 있음이 확인된다. 이는 ChatGPT가 "동네의 모든 아이들이/충실한 그의 부하가 되었다", "그 골목은/가장 햇빛이 안 드는 곳", "아이들은/묵묵히 벽돌을 날랐다" 등의 구절에 대한 맥락 파악을 실패한 까닭으로 판단된다.

분석

ⓔ, ⓕ, ⓖ를 통해 ChatGPT의 상징 · 알레고리 분석 능력을 확인한 결과, 입력된 구문의 형식(시 전문+분석 요청)

으로는 ChatGPT가 작품의 서사 및 맥락을 이해한 후, 그것에 맞추어 시어가 상징하는 바를 분석하는 것으로 보였다. 이는 상징을 구성하는 각 관념이 1대 다(多)로 관계 지어진다는 특성을 고려할 때, 맥락을 통해 전하고자 하는 교훈이나 메시지를 추론하는 것이 가능한 알레고리를 분석하는 것이 더 수월하기 때문으로 판단된다. 즉, ⓕ, ⓖ에서 나타난 상징의 오독은 알레고리의 오독에서 비롯된 것이라 할 수 있으며 알레고리에 대한 학습이 선행되었을 때 알레고리의 오독이 개선된다면 상징의 오독 역시 개선될 것이라 판단할 수 있는 것이다.

또, ⓔ, ⓕ, ⓖ 사례를 분석할 때 ChatGPT가 사전 학습 모델링을 진행했을 확률이 높은 "자본주의", "노동자", "개인의 희생" 등의 키워드로 분석이 가능했던 ⓔ는 알레고리 분석이 준수하게 이루어진 반면, 사진 학습 모델링이 진행되기 어려웠던 한국사 혹은 시인의 활동 시기에 대한 사전 지식이 있어야 하는 ⓕ와 ⓖ에서 알레고리 해석의 오류가 발생했으므로 이에 대한 인컨텍스트 러닝이 진행된다면 오류의 범위를 축소시킬 수 있을 것으로 보인다[실제로 ChatGPT의 크롤링 데이터에서 미국에서 호스팅 된 페이지는 51.3%에 달하며, 이로 인해 ChatGPT가 영어를 제외한 다른 언어로 응답할 때에는

"영어 문장 생성→해당 언어로 번역" 과정을 거쳐야만 한다. 즉, 한국 등 외국의 문화나 역사, 위인 등에 대한 교육에 공백이 존재할 가능성이 높다(Jill Walker Rettberg, 2022)].

참고문헌

권혁웅(2009). "1980년대 시의 알레고리 연구-'광주'의 시적 형상화를 중심으로", ≪한국근대문학연구≫ 19, 한국근대문학회.

기형도(1991). 『입 속의 검은 잎』, 문학과지성사.

김기택(1999). 『사무원』, 창작과비평사.

김솔(2017). "사회학적 관점에서의 기형도 시 연구", ≪전남대학교 한국어문학연구소 학술지 어문논총≫ 30, 전남대학교 한국어문학연구소.

김태형(2023). "인컨텍스트 러닝을 통한 ChatGPT의 시적 표현 해석 가능성 연구 – 윤곤강 『동물시집』에 나타난 우화시를 중심으로", ≪리터러시연구≫ 14(4), 한국리터러시학회.

박판식(2002). "이성복 초기시의 미학적 근대성", 동국대학교 석사 학위 논문.

송종원(2018). "기형도 시에 나타난 시대적 징후", ≪인문학연구≫ 30, 인천대학교 인문학연구소.

안지영(2016). "이성복의 초기시에 나타난 예술과 구원의 문제 : 1980년대 출간된 시집을 중심으로", ≪서강인문논총≫ 47, 서강대학교 인문과학연구소.

이성복(1980). 『뒹구는 돌은 언제 잠 깨는가』, 문학과지성사.

이지원(2020). "기형도 시에 나타난 '고통'의 수사학 : 누스바움의 연민 이론을 중심으로", ≪한국언어문학≫ 115, 한국언어문학회.

여태천(2021). "물질성과 틈의 존재론", ≪인문과학연구≫ 26, 동덕여자대학교 인문과학연구소.

Jill Walker Rettberg(2022.12.6). "ChatGPT is multilingual but monocultural, and it's learning your values", https://jilltxt.net/right-now-chatgpt-is-multilingual-but-monocultural-but-its-learning-your-values/

09
챗GPT 시적 수사 교육 : 윤곤강

은유 · 제유 · 환유에 대한 ChatGPT의 창작 능력이 일정 수준이라는 것과 상징에 대한 분석이 알레고리 분석 능력에 영향을 받는다는 것을 전제하며 실제 작품(윤곤강)의 알레고리 구문 교육을 통해 ChatGPT의 알레고리 분석 능력 향상 가능성을 확인하고자 한다.

윤곤강과 인공지능

본 장에서는 은유 · 제유 · 환유에 대한 ChatGPT의 창작 능력이 일정 수준이라는 것과 상징에 대한 분석이 알레고리 분석 능력에 영향을 받는다는 것을 전제하며 실제 작품의 알레고리 구문 교육을 통해 ChatGPT의 알레고리 분석 능력 향상 가능성을 확인하고자 한다. 해당 작업에서 활용하는 교육용 구문은 윤곤강(尹崑崗, 1911~1950)의 제3시집 『동물시집(動物詩集)』(한성도서주식회사, 1938)에서 추출한 비유 · 상징 · 알레고리 시편들이다. 윤곤강은 보성고보와 센슈대학을 졸업하고, 1931년 "녯 城터에서"(≪비판(批判)≫)를 통해 문단에 데뷔했다. 이후 『대지(大地)』(풍림사, 1937), 『만가(輓歌)』(중앙인서관, 1938) 등 6권의 시집과 비평서 『시와 시학(詩와 眞實)』(정음사, 1948) 등을 출간했다. 카프에 가담해 제2차 카프 검거 사건에 연루된 바 있으며, ≪시학≫(1936) 주간을 맡고 오장환 · 이육사와 함께 ≪자오선≫(1937) 동인 활동을 하는 등 사회주의, 모더니즘, 전통주의 등 다양한 방면의 저작을 남겼다.

『동물시집』은 "독사", "나비" 등 수록 작품 전체(30편)가 동물을 주제로 하는 알레고리 우화시집이며, 당대는 물론 현재에도 한국 최초의 풍자 · 우화시집의 관점에서 접근 · 해석되고 있는 시집이기 때문이다. 발간 당시에는 임화, "詩壇의 新世代(五, 六, 終)", ≪朝鮮日報≫, 1939.8.23~26; 홍효민, "尹崑崗著 動物詩集", ≪東亞日報≫, 1939.10.4; 김종한, "詩論 二－에피그램의 抒情詩的 價値", ≪東亞日報≫, 1939.11.15; 김광섭, "己卯年詩壇總評 下 詩集과 新世代論", ≪東亞日報≫, 1939.12.12. 등의 논의가 있었으며, 현대 문학 연구자들 역시 이형권, "시론과 시의 상관적 변모과정", 『윤곤강 문학 연구』, 국학자료원, 2022; 임용택, "한일근대동물시소고", ≪인문논총≫, 부산대학교 인문대학, 2012; 한상철, "윤곤강 시의 동물 표상 읽기", ≪어문연구≫ 77, 어문연구학회, 2013; 유성호, "윤곤강 시 연구 : 현실과의 길항, 격정적 자의식", ≪한국근대문학연구≫ 12(2), 한국근대문학회, 2011; 권택우, "윤곤강 시 연구", ≪문화전통논집≫ 1, 경성대학교 부설 한국학 연구소, 1993. 등의 논의를 진행하고 있다.

『동물시집』은 "낡은 경향시학(傾向詩派)에서 자라난 시정신(詩精神)의 고민(苦悶)의 상징(象徵)"(임화, 1939)이었으며, "예민한 촉수를 지닌 식민지 지식인의 현실에 대한 응전(翁錢)"(한상철, 2013)을 위한 알레고리 작업물이었다.

『동물시집』의 알레고리 구문 교육을 통해 ChatGPT의 알레고리 분석 능력 향상 가능성 확인을 진행하고자 한다. 상술한 바 있듯 윤곤강의 『동물시집』은 구성 작품 30편 전체가 동물을 주제로 한 우화시집으로, 수록 작품에 대한 알레고리적 · 우화적 해석 시도가 다수 존재했다. 특히 한국 시사에 있어 최초로 동물 단일 주제로 엮인 시집(홍효민, 1939)이라는 점에 주목해 윤곤강의 동물 표상에 관한 연구는 윤곤강 연구사와 우화시 연구에 큰 비중을 차지하고 있다.

우선 교육을 위해 『동물시집』의 수록 작품을 구분할 필요성이 있다. 임화가 지적한 바 있듯 『동물시집』은 "양식상(樣式上)의 불통일(不統一)"로 인해 "부조화적(不調和的)인 혼재(婚材)"(임화, 1939)라는 문제를 안고 있으므로, 일부는 알레고리적 특성이 있으나 일부는 단순 서정성을 크게 벗어나지 못하거나, 다분히 사변적인 내용에 불과한 경우도 존재한다. 그러므로 본고에서는 확연히 알레고리 구조로 볼 수 있는 작품 다섯 편을 선정 · 학습시켜 ChatGPT가 사전 모델링되지 않은 상태보다 더 나은 알레고리 해석 능력을 보일 수 있는지 그 가능성에 관해 확인하고자 한다.

주변성이 많아서/망태기를 짊어졌니?//그렇게도 목숨이 아까워/물통마저 달아 맸니?//조상 때부터 오늘까지/부려만 먹힌 슬픔도 모르는 채,//널름 널름 혓바닥이/종이면까지 받아먹는구나.

—"낙타(1)"

무쇠철망 넘어—/죽은 듯 고요한 양지에/눈알만 끔벅 끔벅……//멀리서 잔나비의 해해거림./더 멀리서 두루미의 볼멘소리.//벌떡 일어나서/조바심이 맴돌 때,//점잔도 주림엔 상관없어/으흥— 먹고 싶어!/흐흥— 나가고 싶어!

—"갈범"

바보 미련둥이라 흉보는 것을/꿀꺽 참고 음메! 우는 것은,//지나치게 성미가 착한 탓이란다.//삼킨 콩깍지를 되넘겨 씹고/음메 울며 슬픔을 삭이는것은,//두 개의 억센 뿔이 없는 탓은 아니란다.

—"황소"

꽃은 모조리 피를 흘리고 죽는데/무엇이 그렇게도 좋길래/벌떼는 온종일 콧노래만 부르는가.

—"벌"

울뒤 밤나무 그늘인가,/안산 밑 늙은 소나무가진가,//밤마다 어둠을 타고 와서/찬비에 젖은 가시 위에/흉측스런 검은 목청으로/워-워- 이 밤을 깊이깊이 우는것은/어미 애비를 잡아먹은 탓이라는데,//어둠속에 찌든 마음,/그 소리 귀에 배여/두 손 뭉쳐 엄지손가락에 입을 대고/늙은 상제마냥 워-워- 울어보다.

—"올빼미"

위 다섯 편은 윤곤강의 『동물시집』에서 알레고리(우화)시로 분류할 수 있는 시편이다. 선정 과정에서 이미 알려진 우화에 기반을 둔 작품("박쥐")이나 동물을 주제로 하지만 인간이 주체인 경우("쥐"), 우화보다는 서정에 가까운 경우("당나귀") 등을 제외하고 우화의 기본 요건을 충족하는 알레고리 시편으로 선정했다.

윤곤강의 알레고리 시편은 당시 범람했던 문인들의 "전향 시도"와 지식인을 억압하는 사회적 구조로 인한 "사회주의 계열 문인들의 문학적 고투에 내재하는 자기 파괴적 충동"(한상철, 2013)과 깊은 관련을 맺는데, 이는 "낙타(1)", "갈범", "황소" 등에서 엿볼 수 있는 '강요된 인내' 혹은 '비자발적 순응' 등으로 구체화되고 있다. "올빼미" 역시 "동물의 특성과 생명현상을 있는 그대로 그려

내"(김교식, 2016)고 있으나 "흉측스런 검은 목청", "어미 애비를 잡아먹은 탓", "어둠 속에 찌든 마음" 등의 시구를 통해 윤곤강의 현실 인식이 "올빼미"라는 동물 주체가 처한 상황으로 알레고리화되고 있음을 확인할 수 있다. "벌" 역시 같은 시선으로 이해한다면 "벌"과 "꽃"의 상관관계를 현실 고발의 알레고리로 포함해 이해하는 것이 가능하다.

분석

다음은 상기한 내용 및 윤곤강의 전기적 사실, 그리고 알레고리 시 5편("낙타(1)", "갈범", "황소", "벌", "올빼미"를 입력한 이후 "윤곤강의 알레고리 시편에 대해 알려 줘"라는 질문에 대한 ChatGPT의 답변이다.

> 윤곤강의 시는 알레고리, 즉 상징적 표현이 두드러진 특징을 가지고 있습니다. 이는 그의 작품에서 사회의 현실을 비판하거나 묘사하려는 의도가 있기 때문입니다. 다음은 그의 시에서 주로 나타나는 알레고리적 특징들입니다 :
>
> 1) 동물 알레고리 : 윤곤강의 작품에서는 특히 동물들이 인간의 삶과 사회를 상징하는 데 사용됩니다. 이는 그의 시집 "『동물시집』"에서 잘 보여지며, 각 동물은 그의 생태와 행동

을 통해 특정 인간의 행동이나 사회적 상황을 대변하게 됩니다.

2) 상황 알레고리 : 윤곤강은 상황을 통해 사회의 현실을 비판합니다. 예를 들어, 동물들이 특정 상황에서 겪는 어려움은 그 시대의 사람들이 겪는 억압과 불평등을 대변하기도 합니다.

3) 문화적 알레고리 : 그의 시에는 한국의 문화와 전통이 주요한 요소로 작용합니다. 이는 그가 한국 사회와 그 문화에 대한 깊은 이해와 애정을 가지고 있음을 보여 줍니다. 이러한 요소들은 그의 시에서 한국 사회의 복잡한 현실을 묘사하는 데 사용됩니다.

해당 인용문은 추가적인 구문 교육이 없이 알레고리에 대한 질문을 입력했을 때와는 확연히 다른 차이를 보인다. 가장 큰 차이는 역시 한국 사회에 대한 인식이 포함되어 있다는 점이며, 이는 인컨텍스트 러닝을 통해 당대 사회에 대한 추론이 연쇄될 수 있었기 때문으로 보인다. 이러한 과정 내부에서 셀프-어텐션이 가속화된 결과, ChatGPT는 윤곤강의 동물 알레고리 시편에 관해 기존 연구의 지점에 상당히 가까운 분석을 제시할 수 있게 되었다.

예를 들어, "동물들이 특정 상황에서 겪는 어려움은 그 시대의 사람들이 겪는 억압과 불평등을 대변"한다는 주장은 기존 윤곤강 연구에서 "동물 표상이 비유의 차원을 넘어 시적 화자의 세계 인식과 태도를 함축한 시적 상징으로 확장"(한상철, 2013)된다고 보거나, "무력한 존재의 번민을 노래하거나 좌절 의식을 담"았다고(김교식, 2016) 본 것과 상통하는 점을 갖는다. 또 "상황을 통해 사회의 현실을 비판"한다는 주장 역시 윤곤강이 "낙타(1)"를 통해 "치욕의 세월을 살아가면서도 그것에 대한 뚜렷한 저항이나 비판을 감행하지 못하"는 민족의 상황을 꼬집었다는 이형권(1997)의 분석과 맥이 닿는다.

물론 해당 인용문에도 "한국의 문화와 전통이 주요한 요소로 작용"한다는 주장과 같이 적확하지 않은 해석이 포함되어 있으며, 입력된 작품을 통해 확인하기에는 상당히 비약적인 설명("한국의 사회와 그 문화에 대한 깊은 이해와 애정을 가지고 있"다와 같은) 또한 나타나고 있다. 무엇보다 해당 분석이 단편적인 전기적 사실과 시적 특징, 작품 5편 정도만이 교육된 상태에서의 분석 결과라는 것은 분석자로 하여금 결과물을 완전히 신뢰케 하기에는 부족한 점이 존재한다.

그러나 상술했듯 알레고리에 대한 분석 범주가 좀 더

명확해지고, 이에 대한 설명의 오류가 줄어들었다는 것만큼은 간과할 수 없는 점이다. 이는 임의의 주제를 통한 알레고리 시 창작 요청 시 출력된 결과를 통해서도 확인할 수 있다. 다음은 "공작새를 주제로 윤곤강의 알레고리 스타일을 흉내 낸 작품을 창작해 줘"라는 요청에 대한 ChatGPT의 답변이다.

〈공작새〉

백의 깃털 뒤에 감추어진 그림자는 무엇인가,/화려한 무늬에 묻혀버린 실체를 본 적이 있는가?//이름 빛나는 공작새야, 태양을 향해 깃털을 펼치면,/어디선가 질투의 눈초리가 네 향유를 거스를 테지.//그러나 아름다움을 너무도 사랑한 네 눈은/그저 진심을 담은 작은 노랫소리만을 듣고 있을 뿐이야.//가난한 참새의 움츠린 가슴이 부풀어 오르는 것을,/괴로움에 찌든 두꺼비의 눈물이 맺히는 것을 본 적이 있는가?//푸른 날개를 펼쳐 하늘을 날아다니며,/눈부신 햇살 아래서 노래하고 춤추는 공작새여,//잊지 말아줘. 고통과 슬픔이 서린 이 세상에서/네 빛나는 깃털 아래에 숨은 그림자들의 삶을.//너의 아름다움이 그들에게는 차가운 겨울이며,너의 노래는 그들의 귀를 멀게 할지도 모른다는 것을.//아름다움을 지키려는 너의 노력 속에서,/또한 사랑을 배워, 이해를 배워, 공감을 배워. 공작새여, 단지 너의 아름다움만을 위해 살지 말아줘.

해당 작품은 "공작새"라는 동물 표상이 갖는 허영과 이기심, 우월감, 외모지상주의, 민중에 대한 공감 결여 등을 기반으로 윤곤강의 우화시를 모방한 것이다. 해당 창작물이 갖는 윤곤강의 우화시와의 공통점은 ①동물을 바라보며 사고하는 주관적 주체의 시선 ②동물의 특성을 시적으로 환기하며 사회 비판적 시선으로 전유 등으로 생각해 볼 수 있다. 즉, ChatGPT는 4048토큰(ChatGPT의 최대 기억 토큰량)을 넘지 않는 수준의 교육으로 완벽하지는 않지만 유의미한 정도의 알레고리 해석 능력을 갖출 수 있다는 것이다.

그렇게 까지/꽁지를 펼치고/끈적거리는 애교를/부리지않어도 좋다,//화냥녀(女)같은/이 멋쟁이놈아!//어대서 배웠느냐?/눈섭처럼 째진 동자(瞳子)로/모이대신 암컷을 찾는 버릇은——.

—"공작(孔雀)"[철망 속의 이국정조(異國情調)]

한편 해당 작품이 『동물시집』과 비슷한 시기 발표되

었던 윤곤강 제2시집 『만가(輓歌)』(중앙인서관, 1938)에 "공작(孔雀)"이라는 시와도 비슷한 시선(허영, 이기심, 외모지상주의 등)을 포함하고 있다는 점 또한 간단한 사전 지식을 교육한 ChatGPT가 완벽하지는 않더라도 우화 등 좁은 의미의 알레고리에 대한 이해를 갖출 수 있다는 가능성을 뒷받침한다.

참고문헌

권택우(1993). "윤곤강 시 연구", ≪문화전통논집≫ 1, 경성대학교 부설 한국학연구소.

김교식(2016). "윤곤강 시의 동물 이미지와 주체의 자기 인식 양상 연구", ≪현대문학이론연구≫ 64, 현대문학이론학회.

김광섭(1939.12.12). 己卯年詩壇總評 下 詩集과 新世代論, ≪東亞日報≫.

김종한(1939.11.15). 詩論 二-에피그램의 抒情詩的 價値, ≪東亞日報≫

박주택(2023). "윤곤강 시론의 근대시사적 의미 연구", ≪국제언어문학≫ 55, 국제언어문학회.

윤곤강(1939). 『動物詩集』, 한성도서주식회사.

이형권(1997). "곤강 윤붕원의 시론과 시", ≪목원어문학≫ 15, 목원대학교 국어교육과.

이형권(2022). "시론과 시의 상관적 변모과정", 『윤곤강 문학 연구』, 국학자료원, 2022.

임용택(2012). "한일근대동물시소고", ≪인문논총≫, 부산대학교 인문대학.

임화(1939.8.23-26). 詩壇의 新世代(五, 六, 終), ≪朝鮮日報≫.

유성호(2011). “윤곤강 시 연구 : 현실과의 길항, 격정적 자의식”, ≪한국근대문학연구≫ 12(2), 한국근대문학회.
홍효민(1939.10.4). 尹崑崗著 動物詩集, ≪東亞日報≫.
한상철(2013). “윤곤강 시의 동물 표상 읽기”, ≪어문연구≫ 77, 어문연구학회.

10
챗GPT의 리듬 이해를 위한 교육 모델 구상

여기서 주목하는 것은 ChatGPT의 시적 이론에 근거한 시적 리듬 분석 기능이다. 현재 시점에서의 문학적 분석 능력을 논구하고, 이에 따른 향후 활용 가능성을 정리하는 것이 필요한 것이다. 이러한 관점에서 시적 리듬은 “사전 교육이 되었으며, 재현이 가능한지 검증되었는가?”와 “ChatGPT 자체의 분석 능력이 검증되지 않았는가?”의 두 조건을 모두 만족하는 주제라고 볼 수 있다.

프로조디

시가 갖는 운율성은 그것이 낭송을 목적으로 만들어진 순간부터 필수적인 요소로 배태된 것이라 할 수 있을 것이다. 시에서 리듬은 단순한 음악적 장식이 아닌 의미를 강화하고, 문학으로서의 기능을 확장하는 역할을 맡는다. 특히 최근 10여 년간 연구자들에 의해 작업되어 온 "한국 현대시의 리듬" 재정의는 리듬을 단순한 음성 자질로 보는 것이 아니라 뜻과 함께하는 의미, "언어의 자음적 · 모음적 조직"이자 "억양, 어투, 강세, 톤, 휴지" 등을 포함하며 "부수적인 무엇이 아니라 의미 작용에 기여하는 개념적 위상"(루시 부라사, 2007)을 가리키는 프로조디에 기반한 것임에 주목할 필요가 있다. 이러한 사실은 시의 구성요소인 리듬이 단순한 음악적 질서가 아닌 시적 의식과 조응하며 그 과정에서 시적 의미를 창출 · 심화하는 개념이라는 이해를 내포하기 때문이다.

물론 프로조디가 문학 이전에 현현하여 있는, 즉 작품이 창작되기 이전부터 문학에 영향을 미치는 절대적인 개념이라고 보기는 어렵다. 만일 시에서의 프로조디를 일종의 절대적 요소로 받아들이게 된다면, 그것은 시를 창작의 대상이 보는 것이 아닌 기술적 과정의 결과물로 받아들이게 할 것이기 때문이다. 오히려 프로조디를 선

험의 개념이 아닌 음운의 덩어리와 불가분의 상호 관계를 가지며 의미를 형성하는 무엇으로 이해해야만 시를 구성하는 요소로서 그 기능을 정의할 수 있을 것이다.

물론 앙리 매쇼닉의 프로조디라는 개념이 불문학에 기저를 두고 있는 만큼, 한국 문학에 적용하기 위해서는 우리말의 특성을 우선적으로 고려해야 할 것이다. 이와 같은 과정을 위해 조재룡(2013)은 번역과 리듬의 문제에서 "한국어에서 강세는 어떻게 추출할 수 있는가?"라고 자문한 바 있었고, 장석원(2011)은 프로조디의 불규칙성과 프로조디적 조직 형성에 의한 시니피앙의 결합적 체계를 논의했다. 권혁웅은 위와 같은 논의의 의문점들을 해소하기 위해 '소리-뜻'(프로조디)을 중심으로 한국 현대시의 단위리듬을 전제하고, 기저리듬과 구문리듬을 각각 하위 · 상위 리듬으로 확장하며 리듬에 기반한 포괄적인 문학 텍스트 분석의 가능성을 제언했다(권혁웅, 2018).

이렇듯 매쇼닉의 리듬 비평 개념에 기반한 시 분석 시도들은 이전까지 한국 문학 연구에서 리듬론이 오랜 기간 부재했고, 그에 따라 운율론에 의한 분석만이 있어 왔기 때문이었다. 현대시 연구자들은 오래도록 "한국어의 특성에 맞지 않을 뿐 아니라 대다수 자유시의 리듬 현상을 설명하지 못한"(오연경, 2017) 운율론의 한계를 실감해 왔다. 1919년부터 언급되어 온 "리듬"은 "자유시의 리듬은 형식의 일부가 아니라 차라리 내용의 층위에 있다는 인식"과 함께 그 실체의 해명을 요구받았으나, 그것은 운율론의 측면에서는 불가능한 일이었던 것이다. 물론 김남규 · 오연경이 지적한 바와 같이 프로조디를 활용한 접근 방식 역시 무규칙을 규칙으로 포섭하고자 하는 한계가 존재하고 있으나 그럼에도 불구하고 일련의 한국 현대시에 대한 프로조디 적용 시도들은 기존 율격론의 한계를 넘어서기 위한 하나의 방법론이었다고 볼 수 있을 것이다.

한국 시의 리듬

상술했듯 매쇼닉의 프로조디 개념은 프랑스어를 근간으로 제시되었으므로, 이를 한국어의 리듬론으로 적용하기 위한 다양한 변용 시도가 있었다. 이러한 시도는 "프랑스어의 강세를 한국 시 작품에 적용할 수 있는가?"(조재룡, 2013)라는 의문에서 출발해 언어적 지표에 대한 논의를(장철환, 2009; 장석원, 2011) 거쳐 "한국적 소리-뜻"을(권혁웅, 2018) 발견하고자 하는 시도로 진행되었다. 이와 같은 '새' 리듬론을 발견하기 위한 시도들이 율격론을 완전히 대체하거나 그것이 갖는 고질적 문제를 해소시키지는 못했으나 한국어로 창작된 시 작품을 의미와 음운의 복합체로서 이해할 수 있다는 가능성, 더 나아가 자유시 형식으로 쓰인 시 작품을 위한 분석 체계를 마련할 수 있다는 가능성을 확인했다는 것만큼은 자명하다.

특히 권혁웅(2018)이 2010년대 중반 진행했던 소리-뜻에 바탕한 한국 현대시 리듬 연구는 근대 이후 "리듬"이라는 명명 하에 모호한 기준을 바탕으로 진행되어 온 리듬 연구에 새로운 분석 기준을 제언하려는 시도였다. 기존 시론에서와 같이 형식과 내용을 별개로 두는 이분법적 분류는 그 목적이 어디에 놓이더라도 결국 외형적 율격이 거의 사용되지 않은 현대시에도 외형적 율격 기준의 분석을 강제하게 된다는 점에서 이와 같은 소리-뜻 기반의 단위리듬과 이에 따른 하위 · 상위리듬 개념의 구축은 리듬을 진정한 시의 구성요소로 위치시키는 데에 의미가 있었던 것이다.

그런 의미에서 ChatGPT에게 한국 현대시의 시적 리듬 분석을 교육하는 과정에서 단순 율격적 분석만이 아닌 "소리-뜻", 즉 프로조디 개념(여기서 프로조디는 한국어 시 작품을 분석하기 위해 변용된 개념들을 지칭한다)을 포함시키는 것은 자연스러운 수순이라고 할 수 있다.

이미 2022년 이전에도 생성형 AI를 통한 시조·하이쿠·소네트 등의 정형시 리듬 분석이 부분적으로 가능함을 확인한 상황에서, 현재의 생성형 AI를 판단하기 위해서는 단순 율격이 아닌 소리-뜻의 복합적인 의미 발생 지점에 대한 이해 가능 여부 수준까지 나아가야 할 것이라 판단되는 까닭이다. 이에 본 장에서는 ChatGPT의 시적 리듬 분석 가능성을 가늠하기 위한 방안으로 다음과 같은 과정을 제안한다. ① 현재 단계에서의 리듬 재현 능력을 확인하고, ② 재현 능력의 수준에 따라 일정한 작품을 제시하여 리듬 분석을 진행한다. ③ 이후 인컨텍스트 러닝에 기반하여 소리-뜻에 기반한 음운복합체 개념을 교육한 후 출력물의 변화를 확인한다. 해당 과정은 한국 현대시 분석 중 리듬론에 기반한 생성형 AI의 해석 능력(해석 가능성)을 확인하기 위함이며, 현 단계에서 음운복합체가 구성한 시적 리듬과 이에 따른 의미의 발생을 실질적으로 재현하지 못하더라도 향후 프롬프트 명령어와 활용 가능성을 확인하는 것에 본 프롬프트 설계의 목적을 둔다.

참고문헌

권혁웅(2013). "한국 현대시의 리듬 연구", ≪우리어문연구≫ 46,

우리어문학회.
권혁웅(2014). “현대시의 리듬 체계”, ≪비교한국학≫ 22(2), 국제비교한국학회.
권혁웅(2018). “연구보고서 : 한국 현대시의 리듬-소리-의미 통합체로서의 리듬의 계보학”, NRF KRM.
김남규(2023). “ChatGPT와 시의 리듬”, ≪한국시학연구≫ 74, 한국시학회.
김태형·박성준(2023). “ChatGPT를 활용한 AI 시인의 구현(2)-‘AI 이육사’의 생성과 시적 대화의 가능성을 중심으로”, ≪국제언어문학≫ 55, 국제언어문학회.
오연경(2017). “한국 현대시와 리듬론의 반(反)운율학적 전망”, ≪상허학보≫ 49, 상허학회.
장석원(2011). “백석 시의 템포와 프로조디”, ≪한국근대문학연구≫ 24, 한국근대문학회.
장석원(2011). “‘프로조디, 템포, 억양’을 통한 새로운 리듬 논의의 확대-김수영의 『사랑의 변주곡(變奏曲)』을 중심으로”, ≪국제어문≫ 52, 국제어문학회.
장철환(2009). “격론 비판과 새로운 리듬론을 위한 시론”, ≪현대시≫, 2009.
조재룡(2013). “리듬과 의미”, ≪한국시학연구≫ 36, 한국시학회.
루시 부라사(2007). 『리듬의 시학을 위하여 : 앙리 매쇼닉』, 인간사랑.

김태형

경희대학교 K-컬처·스토리콘텐츠 전임연구원. 경희대학교에서 국어국문학 박사 학위를 받았다. 한국 근대시 및 문학 장르 전유, AI 활용 등을 연구하고 있다. 주요 논저로 "이시우 시론을 통한 『三四文學』의 '오리지날리티' 분석 : 이시우, 한천, 신백수의 시를 중심으로"(≪한국문예창작≫, 2020), "ChatGPT를 활용한 AI 시인의 구현(2) : 'AI 이육사'의 생성과 시적 대화의 가능성을 중심으로"(≪국제언어문학≫, 2023) 등이 있으며, 『한국 현대시의 공간연구 2』(국학자료원, 2019), 『한국문학사와 동인지문학』(소명출판, 2022), 『모던 경성과 전후 서울』(모던앤북스, 2023), 『인공지능과 문학의 미래』(경희대학교 출판문화원, 2024) 등을 공저했다.